PELOS CAMINHOS DO ROCK

EDUARDO ARAÚJO
—
PELOS CAMINHOS DO ROCK

1ª edição

EDITORA RECORD
RIO DE JANEIRO • SÃO PAULO
2017

Cip-Brasil. Catalogação na Publicação
Sindicato Nacional dos Editores de Livros, RJ

A688p Araújo, Eduardo, 1942
       Pelos caminhos do rock / Eduardo Araújo. – 1ª ed. – Rio de Janeiro:
       Civilização Brasileira, 2017. 196 p.: il.; 23 cm.

       Inclui bibliografia e índice
       ISBN 978-85-01-10671-1

       1. Araújo, Eduardo, 1942-. 2. Músicos de rock – Brasil – Biografia.
       3. Autobiografia. I. Título.

                                    CDD: 927.824166
15-26411   CDU: 929:78.067.26

Proibida a reprodução integral ou parcial em livro ou qualquer outra forma de publicação sem autorização expressa do autor. Reservados todos os direitos de tradução e adaptação.

Copyright © Eduardo Araújo, 2017

Edição de texto Gustavo Barbosa, Márcia de Almeida e Okky de Souza

Foto de capa Fábio Nunes

Design de capa Estúdio Insólito

Texto revisado segundo o novo Acordo Ortográfico da Língua Portuguesa.

Todos os esforços foram feitos para localizar os fotógrafos das imagens e os autores das letras de músicas reproduzidas neste livro. A Editora compromete-se a dar os devidos créditos numa próxima edição, caso os autores as reconheçam e possam provar sua autoria. Nossa intenção é divulgar o material iconográfico e musical de maneira a ilustrar as ideias aqui publicadas, sem qualquer intuito de violar direitos de terceiros.

EDITORA RECORD LTDA
Rua Argentina, 171 – 20921-380 – Rio de Janeiro, RJ – Tel.: (21) 2585-2000

Impresso no Brasil
2017

ISBN 978-85-01-10671-1

Seja um leitor preferencial Record.
Cadastre-se e receba informações sobre
nossos lançamentos e nossas promoções.

EDITORA AFILIADA

Atendimento e venda direta ao leitor:
mdireto@record.com.br ou (21) 2585-2002

SUMÁRIO

PREFÁCIO — Renato Teixeira   7

1. O FILHO DO CORONEL   9
2. DEZESSEIS ANOS DEPOIS...   13
3. INFÂNCIA NO PARAÍSO   27
4. CONHECENDO A TURMA   33
5. MEU PAI   61
6. EXÍLIO NA FAZENDA   71
7. O BALANÇO DAS HORAS   95
8. CASAMENTO DE ARROMBA   125
9. MEU ENCONTRO COM A MÚSICA SOUL   137
10. PELA ESTRADA   157
11. SOU FILHO DESTE CHÃO   185
12. DE VOLTA AO CAMPO   209
13. O REI DO BAIÃO   217
14. TRINTA ANOS DE JOVEM GUARDA   229
15. UM ANJO LILÁS   241

EPÍLOGO   247

PREFÁCIO

RENATO TEIXEIRA

Lá no começo de sua carreira, Eduardo foi o primeiro cara que sacou as possibilidades de um rock brasileiro a partir de nossas múltiplas opções musicais.

Gravou canções como "De papo pro ar", "Chuá, chuá" e a fantástica e inesquecível "Ave-Maria no morro", com a ousadia dos roqueiros brasileiros que durante os anos 1960/1970 produziram música com tamanha competência que uma das bandas daqueles tempos, Os Mutantes, hoje é vista pela crítica internacional como uma das melhores de todos os tempos.

Eduardo fazia parte de uma jovem guarda mais marrenta, desafiadora. Enquanto Roberto Carlos tinha uma maneira Beatles de trabalhar, Eduardo, em parceria com a nossa linda, querida e saudosa Silvinha, se encaixava mais com a tendência Rolling Stones; foram para a TV concorrente, criando uma espécie de dissidência do movimento.

Surgiram canções bem diferentes. Enquanto Roberto cantava "Splish Splash", Eduardo incendiava a cena quase infantil da família com "Vem quente que eu estou fervento". No time do Eduardo, jogavam Carlos Imperial e o anjo Tim Maia.

E assim, nosso querido Dudu construiu uma carreira cheia de amor e rock'n'roll.

Apesar dos "aprontos" inerentes à vida daqueles que escolhem o caminho das guitarras, o casamento com Silvinha estabeleceu um padrão de comportamento mais coerente com a formação do casal. Lá em Joaíma, no Vale do Jequitinhonha, norte de Minas Gerais, já quase divisa com a Bahia, dona Maria comandava toda a ética familiar dos Araújo com a energia dos primeiros grandes fazendeiros. Ela que, por uma fatalidade, herdou a missão do marido de manter viva no Brasil a pega, uma poderosa e importante raça de jumentos.

Eduardo Araújo é um camarada doce e educado. Com certeza seu amor pelos cavalos organizou seu caráter e substanciou pra valer a beleza do seu cantar barroco. Elis disse certa vez que se Deus, usando de suas prerrogativas divinas, tivesse que escolher uma voz para cantar, escolheria a voz do Milton Nascimento; concordo e acrescento: se a natureza dos campos brasileiros, com seus rios e suas matas, tivesse que escolher uma voz para cantar ao vento, essa voz seria a do Eduardo Araújo, nosso amigo, nosso irmão!

1. O FILHO DO CORONEL

Fazia sol naquela tarde de 23 de julho de 1942, na Fazenda Aliança, em Joaíma, vale do Jequitinhonha, Minas Gerais. Os vaqueiros chegavam de mais uma dura jornada de trabalho no campo. Uns desarreavam. Outros davam banho nos cavalos, suados e cansados da lida com o gado naquele dia.

No horizonte um jipe vermelho se aproxima levantando poeira e turvando a estrada.

O coronel Lídio Araújo, dono da fazenda, assiste à cena do alto de seus bigodes fumando seu inseparável charuto. Nessa hora, o velho Lisboa, homem de confiança do coronel, vai chegando montado em Pata Choca, sua mula ruça, de sete palmos de altura. Meio afobado, olhando para o jipe, ele diz:

— Lá vem o Pedrinho trazendo o doutor Alberto. A comadre já está pra ter nenê...

João Gamela, ajudante de cozinheiro e orgulhoso de cuidar da arreata de prata e sola da tropa mais famosa por onde passava, grita:

— Aposto que é menino!

— Eu também aposto! — emenda Chiquinho da Pindoba, afiando seu velho canivete numa pedra de amolar.

— Pois eu já acho que é menina — disse o vaqueiro Zoroastro.

Chega o jipe na cancela de acesso ao pátio da velha sede da Aliança. Edelvito, filho do seu Lisboa, corre para abri-la. Ouve-se o rangido da porteira, e o jipe avança até estacionar em frente a casa. Lídio Araújo, charuto à boca, botas fazendo ruído na terra seca, caminha com passos decididos ao encontro do amigo Alberto e, com um efusivo abraço, o faz entrar na casa.

"É um menino!"

Com seus dois metros de altura, o que não era muito comum na época, pele morena, porte atlético, andar firme, porte altivo e olhar penetrante, o magnetismo do coronel contagiava a todos que o conheciam. Era querido em toda a região pelas benfeitorias que fazia, muitas vezes recebendo em troca apenas a satisfação de ver o povo viver melhor.

A casa da família, caiada de branco, tinha suas portas e janelas pintadas de azul. O piso era de lajota de cerâmica. Na pequena sala com duas janelas, havia duas espreguiçadeiras, duas poltronas e um sofá de vime. Uma porta à esquerda dava acesso a um amplo dormitório com várias camas. À direita, um corredor conduzia à sala de jantar. No meio desse corredor, uma porta à direita levava a outro dormitório com camas e berços e, em frente, outra porta guardava a entrada do quarto do coronel Lídio e de sua esposa, dona Maria. Depois, vinha um quarto de costura e outro onde as crianças tinham aulas.

No quarto do coronel haviam nascido Wilson e Lívio, filhos que tivera com sua primeira esposa, dona Haidê, de quem ficara viúvo naquela mesma casa. O coronel logo tratou de arrumar uma nova companheira para tomar conta das crianças. Casou-se com Vitória e, com ela, teve mais uma filha, Raquel. Poucos dias depois do parto, Vitória faleceu repentinamente. Mais uma vez o coronel voltava a ser disputado, como era de esperar, pelas donzelas de toda a região de Joaíma.

Tinha espírito aventureiro. Comprava gado para engordá-lo na fazenda até ficar pronto para o abate. Aí, com sua comitiva, ia tocando o gado até Santa Inês, na Bahia, a seiscentos quilômetros de distância. Era uma viagem cheia de imprevistos e percalços. Às vezes, por exemplo, tinham que enfrentar os bandos de cangaceiros, nos moldes daquele de Lampião, que rendiam a comitiva e tomavam parte do gado.

Numa dessas viagens, que incluía atravessar o rio Jequitinhonha com mais de três mil bois, o coronel passou por uma pequena fazenda onde pediu um copo de água. Mal sabia ele que aquele simples pedido, aquela água que ele bebeu num gole só, iria transformar sua vida. Quem lhe serviu a bebida foi uma garota jovem e muito bonita. O coronel não conseguia tirar os olhos dela. Por fim, nunca mais a tirou do coração. Chamava-se Maria — todos a chamavam de Maria Bonita — e logo se tornou sua terceira mulher.

Aurino foi o primeiro filho de Maria com o coronel Lídio. Ela adotara Raquel como sua filha legítima e agora esperava mais um rebento. Naquela época não existia hospital na região de Joaíma. As crianças nasciam com a ajuda de uma parteira ou de um médico que ia até a casa da gestante. Por isso o doutor Alberto foi chamado às pressas naquela tarde.

Dona Maria tentava se distrair das dores do parto contando os caibros e as telhas no teto da casa sem forro, e rezava para que tudo corresse bem. O coronel, sempre de charuto em punho, andava de um lado para o outro e conversava com o velho Lisboa sobre assuntos relativos à lida do dia seguinte.

Na sala de jantar, a mesa farta anunciava a comemoração com café, leite, pães caseiros, manteiga e várias guloseimas: biscoitos, doces, requeijão e geleia de mocotó. Tudo estava em clima de festa, mas, de repente, a energia foi interrompida e todos ficaram no escuro.

— Pega o lampião! — gritou alguém.

A prioridade era iluminar o quarto onde dona Maria estava em trabalho de parto e logo a velha Felícia, a ajudante de maior confiança da minha mãe, surgiu com um lampião nas mãos indo direto naquela direção.

— Lisboa, chama o Valdomiro. Deve ser o carvão do gerador que afrouxou — comandou o coronel

Valdomiro, um grande amigo do coronel, era o empreiteiro responsável pela obra da hidrelétrica que estava sendo construída na fazenda, um projeto ousado para aqueles tempos. Enquanto não ficava pronta, ele providenciou a instalação de uma pequena turbina que fornecia energia para a fazenda.

De repente, a luz voltou e alguém gritou: "Oba! Valdomiro deu a luz", o que provocou muitos risos.

Naquele exato momento, dona Estelita, mulher do seu Lisboa, saiu do quarto anunciando:

— Vai nascer!

Eram nove da noite quando o choro de criança foi ouvido. Todos aplaudiram e gritaram: "Bem-vindo! Bem-vindo!"

O coronel foi até o quarto e logo trouxe a notícia para seus empregados e amigos:

— É um menino. Vai ser batizado em homenagem ao meu grande amigo brigadeiro Eduardo Gomes. Meu filho vai se chamar Eduardo. Vai se chamar Eduardo Araújo.

2. DEZESSEIS ANOS DEPOIS...

— A PRA-9, Rádio Mayrink Veiga do Rio de Janeiro, transmitindo em 1.220 quilociclos, tem a honra de apresentar... *Hoje é Dia de Rock!*

Naquela tarde de domingo, a voz de Jair de Taumaturgo ricocheteava no alto-falante do rádio, ecoando pelas paredes do meu quarto. Eu tinha dezesseis anos e morava em Belo Horizonte. As férias de verão estavam começando — mas não para mim. Minha mãe e meus irmãos haviam viajado para a fazenda da família. Eu amarguei uma segunda época na escola. Sempre as malditas regras de Português para decorar... Fiquei em Belo Horizonte para estudar e fazer as provas complementares.

— Agora, com vocês... os irmãos Tony e Celly Campello, interpretando o sucesso que todos os brotos estão cantando: "Banho de lua"!

Minha nossa! Como aqueles sons vindos do rádio me deixavam empolgado! Às vezes, a transmissão em ondas curtas era prejudicada por interferências, mas eu não desgrudava os ouvidos das transmissões da programação das principais emissoras do Rio de Janeiro.

Corria o ano de 1958, que seria marcado pelo surgimento da bossa nova. Maysa e Dolores Duran reinavam absolutas na música brasileira. João Gilberto e Tom Jobim produziam os primeiros acordes da bossa nova, mas eu gostava mesmo era daquela turma que fazia barulho: jovens de lambretas e guitarras em punho, sintonizados com a nascente revolução do rock de Elvis Presley e Chuck Berry. Dois anos antes, eu já fora inoculado com o vírus do rock, a ponto de ficar no cinema durante várias tardes seguidas, após a aula, assistindo ao filme *Ao balanço das horas* (*Rock Around the Clock*). O filme, em si, era ruinzinho, mas, na trilha sonora, Bill Halley e Seus Cometas mandavam um recado que mobilizou toda a minha geração.

— Recebam agora com carinho Bolão & seus Rockettes, interpretando o grande êxito "Short Short"...

O público no auditório da emissora delirava diante do palco onde o rock comia solto. Palco? Sim, naquela época muitos programas radiofônicos eram espetáculos ao vivo, tinham plateias. E foi em busca delas que, naquela tarde de domingo, num impulso, tomei uma decisão completamente doida: ir para o Rio de Janeiro e mergulhar fundo na cena do nascente rock nacional. Resolvi que iria à Rádio Mayrink Veiga e tentaria me apresentar no programa *Hoje é Dia de Rock*. Na cara de pau. Seria tudo ou nada.

A meu favor, contava o fato de que eu não era virgem no mundo artístico. Já tocava rock entre os amigos, tinha me apresentado na TV Itacolomi e fazia bonito no *Só para Mulheres*, da Rádio Inconfidência, o programa de maior sucesso do rádio mineiro da época. Seu locutor, Aldair Pinto, me apresentava como "o rei do rock de Minas Gerais".

DEZESSEIS ANOS DEPOIS...

Também já havia conhecido pessoalmente Tony e Celly Campello, os grandes nomes do rock brasileiro da época, mas o primeiro encontro com eles foi uma alegria seguida de decepção. Quando o Minas Tênis Club promoveu um show com a dupla, dei um jeito de ser apresentado a eles. Disseram a eles que eu era o rei do rock de Minas.

O Tony, a princípio, foi muito educado e, para minha surpresa, me convidou para cantar uma música no show dele e da Celly. Na sequência, pediu um favorzinho: se poderia usar a minha guitarra. Respondi que sim, é claro, com todo prazer. Fiquei exultante com o convite e espalhei para toda a minha turma que eu ia cantar a convite do Tony Campello. A turma compareceu em massa ao clube, que estava lotado.

Começou o show e fiquei esperando a hora de ser chamado ao palco. O show foi rolando e eu cada vez mais ansioso para minha hora chegar. O show chegou ao fim e... nada de ele me chamar. O pior é que Tony Campello nem me agradeceu por ter lhe emprestado a guitarra...

E foi assim, munido das minhas parcas, mas gloriosas, experiências como o rei do rock de Minas Gerais, que arrumei a mala, peguei minha guitarra, meu amplificador e, sem ninguém saber, fui para a rodoviária.

Hoje é Dia de Rock

— A que horas tem ônibus para o Rio de Janeiro? — perguntei no guichê.

— Agora, só à meia-noite — respondeu o bilheteiro.

— Tudo bem, é nesse que eu vou.

E lá fui eu, rumo ao desconhecido, ao sonho de me transformar num astro de rock. Durante a viagem, fiquei imaginando como me apresentar na Rádio Mayrink Veiga.

"Ora, chego lá e digo que sou um cantor de rock de Belo Horizonte e gostaria de cantar no programa *Hoje é Dia de Rock*... Não, pensando bem, acho que assim não vai dar certo. O seu Jair de Taumaturgo deve receber um monte de cantores querendo participar do programa. Pensei, pensei e tomei coragem: vou entrar de sola e me anunciar como o rei do rock de Minas Gerais. Ou o Jair de Taumaturgo me recebe, ou me manda para aquele lugar... Se ele me mandar para aquele lugar, eu não vou, já que vou estar no Rio de Janeiro, então posso aproveitar para conhecer a cidade e... o mar."

Eu nunca tinha visto o mar na minha vida! "Para isso, posso contar com meu primo Lecy, que mora na cidade. Posso também, em Copacabana, tentar achar o tal Clube do Rock, do Carlos Imperial", sonhava de olhos abertos vendo o brilho dos faróis que não paravam de passar em sentido contrário na estrada para o Rio.

O ônibus chegou ao Rio às oito e meia da manhã. Peguei um táxi e fui direto para a Rádio Mayrink Veiga, o coração batendo forte. Mal desembarquei na porta da emissora, o porteiro já me acompanhava com os olhos. Respirei bem fundo e falei para mim mesmo: "Se prepara, Mayrink Veiga, aqui está o rei do rock de Minas Gerais."

Cheguei para o porteiro e disse bom dia. Ele me olhou de cima a baixo e devolveu o cumprimento.

— Meu nome é Eduardo Araújo, e sou o rei do rock de Minas Gerais. Quero falar com o seu Jair de Taumaturgo.

— O senhor marcou encontro com ele?

— Sim, senhor. Pode me anunciar.

— Um momento, por favor — e pegou o telefone para falar com a secretária do homem.

Momentos de tensão.

— Olha, a secretária diz que não tem agendado nenhum encontro com o rei do rock de Minas Gerais, mas que o seu Jair está na barbearia da rádio e ela vai consultá-lo. Espere um pouco, por favor.

"Meu Deus, será que vai funcionar?", pensei. Comecei a mentalizar: "Ele vai me receber... vai me receber..." Aí toca o telefone. O porteiro atende, olhando para mim:

— Não senhor... Sim... Muito bem... Sozinho... Ok.

Colocou o fone no gancho e me falou:

— A secretária vem buscar o senhor.

Meu coração batia disparado. Eu não parava de mentalizar: "Vai dar certo, vai dar certo..." Depois, comecei a adivinhar o lado de lá do diálogo com o porteiro: "O rapaz tem cara de maluco?" "Não senhor." "Está bem vestido?" "Sim, muito bem." "Está sozinho?" "Sozinho." "Vou mandar a secretária buscá-lo aí."

A secretária me cumprimentou e pediu que a seguisse. Encontramos seu Jair na cadeira do barbeiro. Ele me olhou da cabeça aos pés.

— Você é o rei do rock de Minas Gerais?

— Sim senhor.

— E qual foi o concurso que lhe deu este título?

— Na verdade, não houve concurso — falei meio desconcertado. — É o radialista Aldair Pinto que me apresenta assim nos programas dele.

— Bem, então vamos lá conferir sua majestade. Cante uma música.

Liguei meu amplificador na tomada mais próxima, dei uma conferida na afinação e mandei "Be Bop a Lula", do Gene Vincent. Na hora que o som começou a ficar bom, ele gritou:

— Pode parar!

"Pronto", pensei, "ele não gostou. Me dei mal."

— Muito bom. Você vai se apresentar no programa domingo que vem.

Eu nem podia acreditar. Ia tocar na Rádio Mayrink Veiga!

Seu Jair mandou chamar Isaac Zaltman, produtor do programa, me apresentou e disse:

— Isaac, passa a anunciar no ar, a partir de hoje, o rei do rock de Minas Gerais, Eduardo Araújo, no programa do próximo domingo.

Fiquei feito um bobo, agradecendo pela chance. Perguntou-me se eu tinha onde me hospedar no Rio de Janeiro. Disse que iria procurar um primo que morava na cidade. Quando saí da rádio, falei com o primo Lecy, que me passou o endereço do hotel em que ele morava, no Flamengo. Peguei um táxi e pouco depois estava no Hotel Cambuquira.

O Lecy fazia o gênero galã de cinema, bonitão, sempre muito bem-vestido e superelegante, do tipo que faz as mulheres suspirarem. Contei que ia ficar até domingo, para me apresentar no programa *Hoje é Dia de Rock*. Ele achou ótimo e combinou de me mostrar a cidade. Eu disse que, para começar nosso périplo, gostaria de... conhecer o mar! Fomos ali mesmo, na praia do Flamengo, onde ainda não havia o

DEZESSEIS ANOS DEPOIS...

Aterro. Tirei os sapatos e pisei na água do mar pela primeira vez. Olhei para o horizonte e exclamei: "Ô lagão, sô!"

Aos poucos, fui percebendo que o Hotel Cambuquira tinha algo de estranho: a maioria dos moradores era mulher. Só havia dois homens morando lá, o primo Lecy e um piloto da Varig. E os funcionários do hotel. Logo o mistério se desfez: aquelas mulheres trabalhavam nas boates.

Andei com meu primo por todo o Rio de Janeiro — Corcovado, Pão de Açúcar, Copacabana, Ipanema, Leblon, São Conrado.

O domingo estava chegando e me dava frio na barriga só de pensar em pisar no palco do *Hoje é Dia de Rock*. Passei a semana ouvindo as chamadas, várias vezes por dia, durante a programação da Rádio Mayrink Veiga. Eram mais ou menos assim: "Neste domingo, não percam *Hoje é Dia de Rock*, com os melhores grupos de dublagem, os melhores dançarinos e a presença de Tony Campello, Celly Campello, Sérgio Murilo, Carlos Gonzaga e o rei do rock de Minas Gerais, Eduardo Araújo. Venham todos, porque domingo é dia de rock!"

De sábado para domingo eu nem dormi direito. Teria que estar na rádio às dez da manhã, para o ensaio. Logo que cheguei, pude observar a força que o programa tinha com o público: a fila por um lugar no auditório dava a volta no quarteirão. Apresentei-me ao produtor, que me conduziu para uma sala onde estavam as feras do rock brasileiro. Carlos Gonzaga estava tocando e fiquei ali sentado, olhando. Tony Campello já tinha ensaiado, passou por mim no corredor e não me reconheceu. Depois que todos já tinham passado por ali, o produtor me apresentou para o maestro Carlinhos.

O maestro era baixinho, sério, com voz bem grave.

— Este é o tal rei do rock de Minas Gerais? Que música você vai cantar? — perguntou depois de virar o banco do piano na minha direção e me cumprimentar.

— Conhece "Be Bop a Lula", de Gene Vincent?

— Não conheço, mas qual é o tom?

— Ré maior. Eu começo sozinho e, depois, a banda entra, ok?

Os acompanhantes eram o próprio maestro Carlinhos no piano, um baterista e um contrabaixista (no baixo acústico, vejam só). Comecei, em seguida a banda atacou e, no meio, fiz um solo na guitarra. O maestro Carlinhos gostou.

— Vamos ensaiar outra.

Tocamos "Long Tall Sally", sucesso da época na interpretação de Little Richard e vários conjuntos americanos e ingleses, inclusive os Beatles. Rock da pesada.

— Agora, vamos ensaiar uma romântica — disse o maestro.

Sugeri "Don't Leave me Now". O maestro estava curtindo.

— Vamos ensaiar mais uma. Você canta "Tutti Frutti"?

— Claro! — respondi.

Ensaiamos, e o maestro Carlinhos elogiou muito a minha performance. Com seu vozeirão, disse:

— Você vai ter uma surpresa.

Surpresa? Mais uma, além de todas as que eu vinha vivendo? Meu Deus! O que ele quis dizer com isso?

A espera pelo momento de entrar no palco foi terrível. O programa rolava, a gritaria no auditório era incessante e eu, ali, com aquele frio na barriga. Volta e meia corria ao banheiro para fazer pipi.

DEZESSEIS ANOS DEPOIS...

Os grandes cantores foram sendo chamados, fui ficando para o fim e a responsabilidade crescia. Eu estava uma pilha.

— Se prepara que depois dessa música é você — disse o produtor, Isaac Zaltman, que também anunciava os cantores.

Empunhei minha guitarra, fiz o sinal da cruz e me concentrei.

— E agora, para vocês, o grande momento do nosso programa! Vocês vão enlouquecer com ele, com o rei do rock de Minas Gerais, Eduardo Araújo!

Entrei no palco e não houve gritaria, é claro. Só expectativa. Liguei a guitarra e comecei:

Be bop a lula,
she's my baby
Be bop a lula,
I don't mean maybe
Be bop a lula,
she's my baby love...

Em seguida entrou a banda e a plateia veio abaixo. Ajoelhei solando a guitarra e o público foi à loucura. O maestro sorriu e piscou para mim. Aí cantei "Long Tall Sally" e o auditório não parava de pedir bis. Maestro Carlinhos atacou na introdução da música "Don't Leave me Now" e eu cantei o tempo todo arrepiado de emoção. Quando dei o último acorde, a plateia, enlouquecida, jogava os bonés e camisas para cima. Encerrei com "Tutti Frutti". Emoção no nível máximo.

Nunca vou esquecer aqueles momentos abençoados por Deus. Deu tudo certo, foi tudo perfeito. Como o maestro sabia que eu teria apoio do público para cantar as quatro canções? Como o Isaac Zaltman sabia que a plateia ia gostar da minha performance? E por que o Jair de Taumaturgo confiou em mim para encerrar o programa? Acredito que o universo, naquele momento, conspirou a meu favor.

Saí dali sendo abraçado e cumprimentado por todos. Um adolescente certo de ter encontrado o futuro. Com meu primo Lecy, o administrador das finanças das garotas do Flamengo, fui comemorar em Copacabana. Como? Com as garotas de Copacabana, é claro.

O dia seguinte...

No dia seguinte, acordei, fiz a mala, recolhi minha guitarra e o amplificador e peguei um táxi para a rodoviária. Chegara a hora de voltar para Belo Horizonte. Antes, porém, passei na Rádio Mayrink Veiga para me despedir e agradecer a meus novos amigos Jair de Taumaturgo e Isaac Zaltman. Quando cheguei, o porteiro sorriu para mim, me parabenizou pelo sucesso do dia anterior e disse:

— Pode subir. O senhor Jair está lhe esperando.

Entrei na sala e o Jair Taumaturgo me recebeu com muita gentileza.

— Sabe, Eduardo, a gente tem experiência nesse negócio de música e de rádio. Quando a secretária me falou que o rei do rock de Minas Gerais estava à minha espera, e mentindo que tinha marcado hora comigo, logo pensei: ou o cara é louco, ou é muito bom e ousado. Como o porteiro me disse que você não tinha cara de maluco, resolvi recebê-lo, o que foi ótimo. Venha participar do programa outras vezes.

— Obrigado pelo convite, seu Jair, mas só passei para agradecer e me despedir. Tenho que voltar para casa. Minha vinda para o Rio de Janeiro foi uma travessura.

— Voltar para casa? Nem pensar! — disse ele. — Duas gravadoras já me ligaram interessadas em contratar você.

Na mesma hora senti um arrepio me correndo a espinha. As pernas ficaram bambas. A boca secou.

— É verdade — ele continuou. — Ligou-me o Ramalho Neto, da RCA Victor, e o João Araújo, da Philips, e eu disse que você iria conversar com eles. Com o Ramalho, marquei para amanhã de manhã, às dez, e o João Araújo, para as duas da tarde. Então, fique pelo Rio, porque oportunidades como essas não aparecem todo dia.

— Bem, tem um probleminha, seu Jair — disse, muito sem jeito. — Meu dinheiro acabou. Paguei o hotel com o último centavo que tinha e só estou com o dinheiro da passagem de volta.

— Mas você não passou no caixa da rádio? Tem um cachê lá para você. Mandei incluí-lo no time dos profissionais.

Levei um tremendo susto! Além de realizar o sonho de tocar no *Hoje é Dia de Rock* e de ver aquela plateia me aplaudindo, ainda vou receber dinheiro por isso? Peguei o cachê e voltei feliz para o Hotel Cambuquira. Na manhã seguinte, acompanhado de meu primo Lecy, rumei para a RCA Victor. Fomos recebidos pelo Ramalho Neto.

— Vi seu show na rádio ontem e gostei muito! Gostei tanto que vou abrir uma exceção para contratá-lo, pois nosso cast já está completo.

Depois de um longo papo, contei ao Ramalho Neto que à tarde eu teria uma entrevista com João Araújo e que depois lhe daria uma resposta definitiva sobre o contrato. À tarde, fomos para a Philips, na avenida Rio Branco. João Araújo, que depois viria a ser o pai do Cazuza, era o tipo galã de cinema. Penteado tipo Clark Gable, alto, moreno e muito simpático.

— Sei que há outras gravadoras querendo contratá-lo — foi logo falando —, mas a Philips é a melhor opção para você e vou lhe dizer por quê. Não temos ninguém no seu gênero. Contratamos uma menina roqueira e estamos querendo um cantor do mesmo tipo. Vamos investir em você muito mais do que as outras gravadoras. Portanto, posso mandar bater o contrato? Tenho pressa de entrar em estúdio e vamos o mais rápido possível. Vem que vou lhe mostrar a companhia.

Ao passarmos pela divulgação, lá estava a tal garota roqueira recém-contratada.

— Sou a Sonia Delfino. E você, quem é?

— Sou o Eduardo Araújo — respondi.

— Ah, o tal rei do rock de Minas Gerais, não é?

Senti a maldade destilando no modo como ela falava. Sonia Delfino era muito metidinha para o meu gosto. Ao voltarmos à sua sala, João Araújo insistiu:

— Posso mandar bater o contrato?

— Bem, só tem uma coisinha, seu João — respondi. — Sou menor de idade e acho que não posso assinar contratos.

— Xiii! — ele exclamou.

— E tem mais uma coisinha, seu João. Minha família não sabe que eu estou no Rio de Janeiro. Vim para cá escondido — e contei toda a história.

DEZESSEIS ANOS DEPOIS...

O jeito seria arrumar alguém para assinar o contrato por mim. Deixei o escritório da Philips pensando em como poderia resolver o problema.

Subitamente, tive um estalo. Me lembrei de um tio meu, irmão de minha mãe, que tinha se mudado de Joaíma havia muito tempo, e que morava no Rio de Janeiro. Só o que eu sabia sobre ele é que era policial e se chamava João Xavier de Oliveira. Fui a várias delegacias perguntar se conheciam meu tio. Finalmente, numa delegacia da rua do Catete, um detetive conhecia um Xavier que trabalhava com a polícia de choque. Depois de alguns telefonemas a outros colegas, alguém informou onde meu tio trabalhava. O detetive ligou para o telefone dele e falou:

— Xavier, você tem uma irmã em Minas, viúva, de nome Maria Araújo? Sim? Então fala aqui com o seu sobrinho — e me passou o telefone.

Contei minha aventura ao tio, ele ficou surpreso, gaguejando e disse:

— Bem, você quer que eu assine um contrato por você? Mas sua mãe tem que aprovar isso.

— Tio, acho que ela não vai concordar, mas você é minha salvação — insisti. — Não posso ir embora, tenho que assinar esse contrato e morar aqui no Rio, para seguir minha carreira. Acho que minha mãe só vai concordar se o senhor se responsabilizar por mim.

"Mas que abacaxi!", ele deve ter pensado. Para piorar as coisas, meu tio ficou horrorizado com o fato de meu primo morar no Hotel Cambuquira. Como policial, ele conhecia muito bem a fama do lugar...

— Então, vá lá — acabou respondendo. — Você vai morar comigo. A casa é pequena, mas sempre cabe mais um.

O próximo passo seria falar com minha mãe. Naquela época, as comunicações não eram fáceis. Para falar com alguém em Joaíma, era preciso ligar para um telefone no posto de correio da cidade, pedir para avisar a pessoa e marcar hora para ligar novamente. E assim foi feito.

Quando cheguei à casa do tio João, em Bonsucesso, quem ficou horrorizado fui eu. A casa era mesmo pequena e nela moravam, além dele, a sua mulher, seus dois filhos, Ronaldo e Júlio César, e mais uma tia. Todos em dois quartos. Um dia acordamos com água por todo lado. Explicaram-me que, quando chovia, era sempre assim. Mas, paciência. Tudo pela carreira do rei do rock de Minas Gerais. Conseguimos falar com a minha mãe e ela tomou um susto ao saber que eu estava no Rio de Janeiro com o meu tio. Para contrabalançar, ficou feliz por falar com o irmão, depois de tantos anos.

A princípio, minha mãe foi taxativa: deixar meu filho morar no Rio? De jeito nenhum! Nem pensar. Aí tive que apostar no meu poder de persuasão. Expliquei sobre o contrato com a Philips, que era uma oportunidade única, que era para o meu bem e tudo o mais. Depois de longos e torturantes minutos de conversa, ela afinal concordou, com uma condição: que eu não parasse de estudar.

Uma semana depois, recebi uma procuração de minha mãe e o tio João assinou o contrato com a Philips em meu nome. Continuei a participar do *Hoje é Dia de Rock*, como uma das atrações principais do programa. Havia me tornado um artista profissional.

3. INFÂNCIA NO PARAÍSO

Às vezes me pergunto quando foi que me senti neste mundo pela primeira vez.

Acho que foi com uns cinco anos, quando observava os vaqueiros na lida do gado. Parecia fácil montar num cavalo. Vi um pônei arreado e resolvi experimentar a montaria. Quando ganhei a sela, a cabeça do pônei sumiu. Em seguida o bicho corcoveou, fui arremessado para o alto e aterrissei de fuça no chão. Abri o berreiro e todos correram para me acudir. Meu pai dava gargalhadas.

— Nunca vi uma subida e uma aterrissagem tão rápidas... Quá quá quá...

Desse momento histórico em diante, os tombos de cavalos foram muitos. Seu Lisboa, pacientemente, me ensinou a montar. Levava-me na cabeça da sela e às vezes me deixava comandar a cavalgada pelos pastos verdes da Fazenda Aliança, tocando gado. Assim fui crescendo naquele ambiente maravilhoso, onde todos — do caboclo mais simples ao mais graduado — eram tratados pela minha família do mesmo jeito, com carinho, respeito e solidariedade.

Moravam umas cinquenta famílias na fazenda do meu pai e todas tinham seu pedaço de terra, cedido pelo coronel. Viviam do que plantavam e, quando o coronel precisava de mão de obra, convocava os trabalhadores locais e pagava o dia trabalhado. Todos tinham direito a médico e remédios e as crianças estudavam na escola da própria fazenda.

Naquela época não existiam tratores como hoje e as estradas, barragens e pontes eram feitas pelo braço do homem. Meu pai era um homem de ação e tinha pressa de cumprir seus objetivos. Tocou diversas obras importantes para Joaíma. A certa altura, o coronel Lídio resolveu entrar na política para lançar candidatos do próprio município. Ele conseguiu eleger, de uma só vez, um deputado federal (Antônio Peixoto) e um estadual (Fidelcino Viana). Com isso, o vale do Jequitinhonha passou a ter os seus representantes no Congresso e eles trouxeram muitos benefícios para o nosso município.

Minueto 53

Por conta própria, meu pai construiu os setenta quilômetros da estrada que liga Joaíma à rodovia Rio–Bahia. Jesuíno, seu irmão caçula, era um de seus principais colaboradores. Certo dia, Jesuíno comentou com o coronel que a fazenda precisava de um novo cavalo reprodutor da raça manga-larga. Disse que gostaria de comprar um filho de Minueto 53, o grande campeão nacional da raça na exposição de São Paulo.

— Mas, afinal, que cavalo é esse, Jesuíno?

INFÂNCIA NO PARAÍSO

— É um alazão muito conformado, cabeça retilínea, olho esbugalhado, garupa na horizontal muito forte, bom de aprumos e, o melhor de tudo, excelente de andamento. Minha ideia é ver se consigo comprar um filho dele para cobrir as nossas éguas.

— Depois de você falar tanto desse cavalo eu não quero filho coisa nenhuma. Quero o próprio Minueto.

— Mas, Lídio, esse cavalo não deve estar à venda e, além do mais, custaria muito caro.

— O preço é problema meu. Pode se preparar para buscar o cavalo o mais rápido possível.

— Mas, Lídio...

— Já disse que o cavalo é esse, e não tente me convencer do contrário.

Jesuíno sabia: quando o coronel queria muito alguma coisa, não adiantava discutir. Preparou a mala e partiu para São Paulo. Chegando lá, entrou em contato com o dono do Minueto, o criador Sebastião Malheiros, e lhe informou da intenção de comprá-lo.

— Senhor Jesuíno, tenho muito prazer em lhe mostrar toda a minha tropa e fico contente em saber que o senhor gosta do meu cavalo, mas sinto dizer que Minueto não está à venda. Se o senhor quiser, tenho um filho dele muito bom que posso vender.

— Seu Sebastião, o senhor não conhece o meu irmão. Quando ele quer uma coisa, é difícil convencê-lo do contrário.

— Sinto muito, Jesuíno, mas não posso vender um cavalo que é um patrimônio da família, de muita importância para a continuidade do seu criatório. É atualmente o cavalo mais importante da raça manga-larga no Brasil e não pode sair de São Paulo.

Jesuíno sabia que seria difícil demover o irmão, mas também sabia que seria impossível convencer Sebastião Malheiros. Frustrado, passou um telegrama para o coronel: "Sebastião não vende Minueto por dinheiro nenhum. Tem um filho de Minueto que ele vende e que é muito bom. Aguardo instruções urgentes."

Passam-se duas semanas e chega o telegrama de resposta: "Deve haver um jeito. Não me venha sem o cavalo." Jesuíno resolveu procurar novamente Sebastião Malheiros.

— O senhor desculpe a insistência — disse, mostrando o telegrama do irmão. — O homem é teimoso, mas não é louco. O senhor peça um preço absurdo que ele desiste e eu parto para a segunda opção, que é o filho do Minueto.

— Eu só venderia o Minueto se o dinheiro fosse suficiente para comprar umas terras que um parente meu quer vender. Quero muito essa fazenda, mas não tenho capital para comprá-la.

— E quanto custa a fazenda?

— Muito dinheiro: cem milhões de cruzeiros.

— E o senhor venderia o cavalo por essa quantia?

— Naturalmente venderia, mas seu irmão teria de ser louco.

— Então, vou mandar um telegrama para o coronel informando o preço do cavalo. Ele com certeza vai desistir da compra.

Jesuíno mandou o telegrama: "O homem só vende o cavalo por cem milhões de cruzeiros. Aguardo instruções."

Duas semanas depois veio a resposta: "Segue dinheiro Banco do Brasil."

Foi assim que Minueto 53 mudou-se para Joaíma, e foi recebido com banda de música e uma tremenda festa.

INFÂNCIA NO PARAÍSO

Momento mágico

Certa ocasião, o coronel comprou um Fordinho e resolveu levá-lo para uma aventura. Reuniu alguns amigos e partiu. Enfrentou mais de cem quilômetros de Joaíma a Carlos Chagas, sem estrada, seguindo por trilhas, enfrentando todo tipo de obstáculo como a travessia de rios e atoleiros. Chegava a lugarejos onde nunca haviam visto um automóvel.
O povo corria e gritava: "Corre que o mundo está acabando!" Outros ofereciam o mangueiro (curral grande) para o coronel botar o seu bicho para pastar. Outros traziam milho para alimentar o bicho do coronel, o Ford.
Depois de uma viagem de vários dias, finalmente, numa bela tarde, o coronel e seu bicho Ford chegaram a Carlos Chagas, onde foram recebidos com uma tremenda festa.

Um desfecho muito diferente aconteceu com meu primeiro meio de transporte, uma bicicleta de madeira que, aos oito anos de idade, ganhei de João Carpina, carpinteiro de confiança de meu pai. Habilidoso, ele fez a bicicleta com muito carinho e cuidado. Um cuidado que não tive ao descer com ela um morro muito íngreme. A bicicleta se destrambelhou toda, fui parar no chão, bati com a cabeça e fiquei desacordado por um bom tempo.

João Carpina também foi responsável por um momento mágico, do qual jamais vou esquecer: o meu primeiro contato com um instrumento musical. Ele possuía uma sanfona de oito baixos, igual àquela do pai de Luiz Gonzaga, imortalizada pelo Rei do Baião em sua belíssima música "Respeita Januário". Eu ficava fascinado ao vê-lo tocar sua sanfona e, quando ele largava o instrumento, eu ficava brincando de tirar sons naquele teclado. Esse entusiasmo pela música começou quando eu tinha seis anos e, aos sete, o fascínio pelo mundo artístico tomou conta de mim quando fiz minha primeira apresentação em um palco. Foi numa festa na escola da Fazenda Aliança. Entrei em cena representando um chefe indígena, numa linda fantasia, com arco e flecha na mão, e mandei brasa:

> *De chefes e filhos*
> *Só temos Tupã*
> *De longe a minha seta*
> *Certeira eu encravo*
> *Índio Tupi, hei*
> *Índio Guarani, hei*
> *Índio guerreiro*
> *Índio brasileiro...*

Fui muito aplaudido e naquele dia percebi que aquilo me satisfazia muito. Sentia-me realizado por me apresentar para o público. As garotas passaram a me olhar diferente... Foi muito bom. Vivi o meu primeiro momento como artista.

4. CONHECENDO A TURMA

Meu primeiro disco, um compacto duplo, saiu depois do Carnaval de 1960. As músicas eram: "Diana me deixou", uma balada composta por Fernando Costa; "Deixa o rock", de minha autoria, um protesto ao preconceito contra o rock; uma versão do Haroldo Barbosa para "Monalisa", cantada originalmente por Nat King Cole; e "Brotinho", versão de Ramalho Neto para a música de Muddy Waters. Entre os músicos que participaram do disco, escalados pela gravadora, estavam Baden Powell, no violão, e Os Cariocas, nos arranjos vocais escritos pelo maestro Severino Filho.

Deram à bolacha o nome de *O Garoto do Rock*, como eu era conhecido na Philips. As pessoas ainda não tinham se acostumado com o nome Eduardo Araújo, que na época não era nada artístico. Era comum que os diretores artísticos inventassem nomes mais apropriados para os cantores que iam ser lançados pelas gravadoras. Comigo não foi diferente. Tentaram me rebatizar de Edy Carlos. Mas eu disse logo: ou é Eduardo Araújo ou pode rasgar o contrato. Aí, desistiram.

O primeiro disco de um cantor é como o nascimento de um primeiro filho. Você espera, espera e parece uma eternidade.

Quando o compacto saiu, fiquei escutando e imaginando minha vida como um filminho: Joaíma, fazenda, escolinha, meu pai, minha mãe, meus irmãos, meus amigos vaqueiros da fazenda, meus cavalos. E me perguntei: Quem sou eu? Por que vim parar aqui? Será que este é o meu caminho? E a resposta veio: Se é o meu caminho, eu não posso ter certeza, mas é onde me sinto feliz. E, me sentindo feliz, é onde quero estar.

Agora, era preciso divulgar o disco nas rádios. Minha mãe me deu uma tremenda força nessa hora: veio ao Rio de Janeiro, alugou um apartamento para mim no Flamengo e me deu meu primeiro carro, um DKW-Vemag, verde com capota branca. Hoje, carro com a capota de outra cor é cafona, mas na época era o máximo!

A divulgação era feita com a presença do artista. Ainda não existia o jabá. Os comunicadores do rádio determinavam o sucesso. Para agradar a eles, o disco tinha de ser bom de verdade, e ainda era preciso fazer com que os comunicadores simpatizassem com você. Acontece que o rock, na época, despertava preconceitos por parte de muitos radialistas. Um deles era o Chacrinha, que no início era contra, mas depois passou a nos apoiar, como contarei mais adiante.

Como conheci Carlos Imperial

Na época em que morava e estudava em Belo Horizonte, eu ia para a fazenda nas férias e me dedicava à criação de cavalos manga-larga marchador, campolina, piquira, pôneis e jumentos pegas.

CONHECENDO A TURMA

Eu selecionava os animais para exposições em várias cidades vizinhas, como Pedra Azul, Teófilo Otoni e Governador Valadares. Durante o dia, faziam julgamento dos animais, à tardinha se promovia o rodeio apenas com montaria em cavalos, pois ainda não existia montaria em touro, e à noite se realizava um baile com toda a sociedade local, visitantes e expositores.

Foi numa destas festas, numa exposição em Almenara, que conheci o Carlos Imperial. Ele esteve na região para participar de um show do Clube do Rock na cidade de Teófilo Otoni, onde se encantou com a filha de um criador de gado Zebu. Começou a namorar a menina e foi convidado para a exposição de Almenara. Eu sabia de Carlos Imperial e do seu Clube do Rock só pela *Revista do Rádio*.

Estava ansioso para me apresentar a ele, mas não tive coragem de me aproximar. Aí começou o rodeio e eu estava inscrito para uma montaria. Elias, um funcionário da Secretaria de Agropecuária de Minas Gerais, era o locutor oficial. Ele costumava me apresentar como o único fazendeiro que montava em rodeios. Fui fazer uma montaria extra, no final do evento, com dez peões. Pouco antes da minha vez, Elias anunciou a presença de Carlos Imperial na plateia e tive a ideia de pedir o microfone.

— É uma grande honra ter aqui entre nós o maior incentivador do rock no Brasil. E dedico esta minha montaria a essa personalidade, Carlos Imperial!

Logo que acabei esse rápido discurso de saudação, passei a perna no bicho, a porteira se abriu, eu bati espora e o cavalo deu duas voltas na pista saltando. O narrador gritava:

— Cutuca, nego duro!...

E a plateia aplaudiu de pé. Ganhei como a melhor montaria. Naquela época o nosso rodeio não tinha a regra de oito segundos. O peão tinha que se manter em cima até que o cavalo parasse de saltar.

Depois de muitos cumprimentos e abraços pela montaria, chegou a hora de ir me arrumar para o melhor da festa: o baile. Fui para o hotel, tomei um banho e vesti a minha beca de roqueiro. Fui me encontrar com meus amigos para jantar. Comemos e seguimos para o baile. A música estava a cargo da banda do Ney, de Governador Valadares, um tremendo guitarrista. Eu já tinha cantado com eles várias vezes, em festas na região.

A entrega dos prêmios dos melhores expositores ia ser feita na festa e o último prêmio seria o de melhor montaria. Fui chamado ao palco, recebi o prêmio, agradeci, e o Ney já entrou com os primeiros acordes de uma sequência de rock que costumávamos cantar juntos.

— Fique aí, vamos começar com você.

Então peguei o microfone e, antes de cantar, disse para o público:

— É um prazer muito grande receber nesta festa o grande criador do rock no Brasil. Por isso, gostaria de fazer mais uma homenagem ao Carlos Imperial, oferecendo a ele um pouco do rock mineiro.

Demos tudo no rock, e o salão ficou enlouquecido. No final, Carlos Imperial estava me esperando embaixo do palco.

— Você como peão me deixou arrepiado, mas como cantor de rock me deixou ainda mais maravilhado. Não sei se você é melhor montando ou cantando, mas quero convidá-lo a participar do *Clube do Rock*. Quando for ao Rio de Janeiro, me procure e

CONHECENDO A TURMA

vou fazer de você o maior roqueiro do Brasil. E quem está falando é o Carlos Imperial.

— É verdade? — falei, sem saber o que dizer.

— Quero você no *Clube do Rock* — ele respondeu.

— Um dia eu vou, um dia eu vou.

Depois disso, o plano de ir ao Rio procurar pelo Carlos Imperial nunca me saiu da cabeça. Mas, quando fui e me apresentei no programa do Jair de Taumaturgo, o Imperial estava fazendo um curso de cinema nos Estados Unidos. Quando ele voltou, eu já havia gravado meu primeiro disco. O trabalho de Imperial como diretor de cinema também rendeu boa visibilidade para a rapaziada do rock.

O Clube do Rock

Já no Rio de Janeiro, eu estava na Rádio Guanabara quando fiquei sabendo que o Carlos Imperial iria estrear um programa diário chamado *Os Brotos Comandam*. Imperial era o grande produtor e divulgador da música jovem brasileira na época e resolvi ir à estreia do programa, pois ele mesmo havia me convidado para o *Clube do Rock*, quando nos conhecemos no rodeio em Almenara.

Quando cheguei, o lugar já estava lotado de cantores e dançarinos de rock, divulgadores de gravadoras e puxa-sacos de todos os matizes. Fiquei de longe, só olhando o Imperial ao microfone e me perguntando: como me aproximar dele?

Fiquei observando um cara grandalhão. Ele entrava toda hora no estúdio para falar com o Imperial, então imaginei que ele deveria ser o produtor do programa. De repente reparei num rapaz negro, boa-pinta, que parecia ser o todo-poderoso por ali. Com um cigarro na boca, metido que só ele, barrava todo mundo que chegasse mais perto do estúdio. Aí pensei: acho melhor procurar o grandalhão, que parece mais amigável. Abordei-o na discoteca:

— Você é o produtor do Carlos Imperial?

— Não, sou o secretário dele.

— Muito prazer, eu sou o Eduardo Araújo.

— Prazer, eu sou o Erasmo Carlos. O Imperial me falou muito de você. Vou avisar que você está aqui.

Quando terminou o programa, o Imperial veio até mim.

— Ô, bicho... quanto tempo! A gente não se via desde aquele rodeio lá em Almenara. Como estão as coisas? Fiquei sabendo que você lançou seu primeiro disco.

Nessa hora, o outro rapaz entrou na sala, e o Imperial se dirigiu a ele:

— Vem aqui, Simona, lembra que eu te contei do cantor de rock peão? É esse aqui, Eduardo Araújo. Eduardo, este é o Wilson Simonal. Aqui ele é produtor do meu programa, mas na verdade é um cantor, e dos melhores. Pessoal, vamos todos para Copacabana, jantar na minha casa. Simona, cadê o Roberto?

— Tá na paquera daquela loirinha lá na lanchonete.

— Ô, bicho, a loirinha é minha, pô.

Gargalhada geral.

De repente entra o Roberto com duas meninas, uma loira e uma morena, bem jovens. Fomos apresentados.

— Bicho, muito prazer, eu sou o Roberto Carlos.

Minha primeira impressão do Roberto foi a de um cara de olhos tristes e profundos, porém bastante simpático. Tinha um

CONHECENDO A TURMA

jeito especial, parecia um ser diferente, com pele de anjo. Já sobre o Simonal, minha primeira impressão foi de que era mascarado, mas logo percebi que aquilo era só o jeito dele, o personagem que ele fazia para se firmar no grupo, e que na verdade era um cara muito divertido. Só falava gíria o tempo todo. O Erasmo era o sujeito legal, aquele tipo que é um ótimo papo, tem sempre uma resposta pra tudo e, principalmente, tem um grande coração.

Depois descemos todos, o Erasmo se despediu de nós, eu peguei meu carro e fui seguindo o carro do Imperial, que era um Mercury conversível azul. Eu imaginava que o *Clube do Rock* tivesse uma sede onde os associados se reuniam e os cantores também, para ensaiar. Qual não foi a minha surpresa quando perguntei a Carlos Imperial onde era a sede do *Clube do Rock*. "Vou lhe mostrar", ele me disse. Andamos até a esquina da Miguel Lemos com a Barata Ribeiro, onde havia uma padaria.

— Eis a nossa sede. Aqui nos encontramos todas as noites e falamos dos nossos planos, mas o nosso principal objetivo são as garotinhas...

Risada geral.

Imperial queria me apresentar à família dele e atravessamos a rua em direção a um suntuoso prédio de esquina, onde ele entrou na garagem com o seu carrão. Subimos até o 10º andar. O apartamento era enorme e cinematográfico, todo decorado em estilo Luís XV, cheio de mármores e com várias salas. Subimos para o andar onde havia um salão de festas, da extensão de todo o prédio, todo decorado no mesmo estilo, e com um piano alemão de cauda, tudo de muito bom gosto.

Conheci os pais do Imperial, doutor Gabriel e dona Maria José, e Paulo, o irmão. Também fui apresentado a Rose Gracie, a esposa dele. Enquanto o Imperial saiu para o banho, o doutor Gabriel ficou conversando comigo, me perguntou de onde eu era e contei para ele resumidamente a minha trajetória.

— Eu não acredito nessa carreira de cantor. O meu filho é muito entusiasmado com isso, mas eu já desisti de aconselhá-lo. Pensei que ele ia mudar com o casamento, mas parece que piorou. Agora está com esse programa de rádio que estreou hoje.

Perguntou como foi o programa e respondi que tinha sido ótimo.

Rose, mulher do Carlos Imperial, era filha de Carlos Gracie, o grande mestre do jiu-jítsu. Era uma jovem supersarada e muito bonita. Tinham um casal de filhos: Maria Luiza e Marcos.

A mãe de Carlos era dona e diretora de uma escola.

— O doutor Gabriel é fazendeiro? — perguntei a ela.

— Não, ele já teve fazenda lá no Espírito Santo, mas hoje ele é banqueiro.

Então eu pude perceber de onde vinha toda aquela suntuosidade. O Imperial nasceu em berço de ouro, como diziam lá na minha terra. Serviram o jantar, depois eu e o Imperial subimos para o salão de festa e ele pediu para ouvir o meu disco.

Colocou o disco na vitrola e começou a criticar tudo:

— Ô bicho, os arranjos não estão bons, não souberam tirar o máximo de você. Quero você no Clube do Rock, mas precisamos gravar outro disco. Eu, Carlos Imperial, vou produzir.

Pedi que me mostrasse uma das suas produções.

— Ainda não tenho nada gravado no gênero para mostrar, mas vou lhe mostrar outro disco que acabei de fazer, com o Roberto Carlos.

Apresentou-me, com todo entusiasmo, um 78 rotações, com o Roberto Carlos cantando bossa nova. A música de Imperial era "Brotinho sem juízo". Confesso que gostei do disco, mas não achei que o meu estava tão ruim assim. Imperial botou o violão em minhas mãos, chamou todos da família e pediu que eu cantasse as músicas que eu tinha apresentado no tal rodeio em Almenara.

Todos aplaudiram e pareciam ter gostado muito.

— Esse rapaz tem futuro — disse o doutor Gabriel.

Nesse momento, o Roberto entrou na sala, cumprimentou a todos e disse:

— O cara é uma brasa!

Roberto era protegido da família Imperial e, naquela época, vivia na casa deles, como um membro da família. Eram conterrâneos, de Cachoeiro de Itapemirim.

Batemos papo, tocamos violão e cantamos naquela noite até bem tarde.

O que era o Clube do Rock? Era um grupo de amigos que compartilhava da mesma paixão pelo rock'n'roll. Foi uma forma inteligente que o Carlos Imperial adotou para furar os preconceitos e abrir, definitivamente, um espaço na mídia para o rock. O que era difícil para um artista de rock, na época, tornava-se muito mais fácil quando chegava um grupo com vários cantores, banda e dançarinos.

O Clube do Rock despertava a atenção da mídia e nos abria portas para os maiores programas de televisão e rádio, como o programa do César de Alencar, para uma plateia de mais de 40 mil pessoas, além da participação em filmes nacionais.

O sucesso de nossas apresentações nos grandes programas de televisão fez com que o Clube do Rock conquistasse seu próprio espaço. Comandado por Carlos Imperial, *Os Brotos Comandam* tornou-se líder de audiência na TV Continental. A atração fazia tanto sucesso que a TV Tupi quis comprá-la, mas o Imperial foi fiel, aceitando fazer outro programa em outro dia, porém sem deixar a TV Continental. Ficamos então com dois programas, e o da Tupi recebeu o nome de *Festival de Brotos*.

Participavam do Clube do Rock: Roberto, Erasmo, Simonal e eu, o Tim Maia (que logo iria para os Estados Unidos), Rosemary, Fabio Montreal, Toni Tornado (que se chamava Toni Cheque), Gerson Combo, Renato e seus Blue Caps, The Blue Jeans Rocker's, e os bailarinos Ademir, Mariazinha e Cidinho Cambalhota, além de Paulo Silvino e Augusto César Vanucci, que eram convidados para alguns filmes. (Peço desculpas se estiver esquecendo alguém.)

Como nasceu Renato e seus Blue Caps

Embora nunca tenha sido revelado pelo grupo, eu não poderia deixar de registrar esse momento do qual participei. Tudo que vou contar aqui é a mais pura verdade.

Nós, do Clube do Rock, havíamos conseguido o contrato para fazer o programa *Os Brotos Comandam*, na TV Continental. Já estava tudo certo com a banda: The Blue Jeans Rocker's. No entanto, quando a produção teve início, Luiz, o líder da The Blue

CONHECENDO A TURMA

Jeans, não queria acompanhar nenhum cantor. Isso deixou o Carlos Imperial furioso e ele decidiu romper com esses músicos. De uma hora para outra estávamos sem banda e o programa já tinha data de estreia. A primeira ideia do Imperial foi trazer um grupo de São Paulo, mas isso significaria um custo extra, e nós não tínhamos dinheiro. Então tive uma ideia e falei com o Imperial.

— Eu tenho como formar uma banda, só preciso de equipamento.

— Forme a banda que eu me viro com a aparelhagem — disse Imperial, sem nem hesitar.

Lá fui eu com meu DKW-Vemag para os lados da Tijuca, onde moravam meus amigos do *Hoje é Dia de Rock*, os irmãos Barros: Renato, Edinho e Paulo César. Cheguei de surpresa e contei o que estava acontecendo. Eles ficaram empolgados, mas precisávamos ter o apoio do detetive Barros, pai dos meninos, já que eram todos menores de idade.

Enquanto esperávamos o pai deles, ficamos pensando em alguém para a bateria. Lembrei-me do Gelson, que tinha tocado comigo, mas ele estava em uma excursão e não sabíamos como encontrá-lo. Então Renato falou de um baterista que era fera, o Claudinho, conhecido como Cláudio Louco. Eu também pensava no Lafayette, o melhor tecladista de rock do Rio de Janeiro, que era meu amigo e tocava às vezes comigo.

Quando o detetive Barros chegou e expliquei a ele nossa intenção de formar a banda, ele nos apoiou e ficamos muito contentes, mas nem havia tempo de comemorar. Tínhamos pressa e fomos à casa do Cláudio Louco. Precisávamos conseguir logo o baterista. O cara era muito empolgado e topou na hora!

Só faltava falar com o Lafayette, mas praticamente a banda estava formada. Ainda faltava um detalhe importante.

— Como vamos chamar a banda? — perguntei.

Houve várias sugestões e resolvi dar a minha também. Na época eu curtia muito Gene Vincent and Blue Caps:

— Que tal Renato e seus Blue Caps?

Eles acharam o nome ótimo e batizamos a banda.

— Já temos a banda! O nome é Renato e seus Blue Caps — falei com Imperial naquele mesmo dia. — Agora precisamos dos aparelhos e instrumentos para os ensaios.

— Vamos amanhã para São Paulo. Marquei com o dono da Giannini para comprar os equipamentos.

E lá fomos nós, eu e o Imperial, para São Paulo. Ele deu o sinal de pagamento e "pendurou" o resto — que nunca foi pago.

Como naquela época ainda não existia baixo eletrônico, pegamos emprestado na TV Continental um "rabecão" (que era como chamávamos o contrabaixo acústico), o colocamos dentro de um táxi e levamos para o Paulo César praticar em casa. Ele nunca tinha tocado aquele instrumento, mas, depois de uma semana, pelo menos já enganava muito bem.

Quanto ao Lafayette, topou na hora. A banda estava completa? Quase. Nos ensaios, já na televisão, o Simonal apareceu com o seu irmão Roberto, que tocava sax. E o Ed Wilson ficou sendo crooner da banda, até o Imperial resolver que ele faria carreira solo, como o Elvis brasileiro, já que ele tinha a voz parecida com a do Elvis Presley.

Essa é a verdadeira história da fabulosa banda Renato e seus Blue Caps. Tenho orgulho de ter contribuído para sua formação.

CONHECENDO A TURMA

O sucesso no rádio veio aos poucos

O sucesso não era nada fácil. Pelo contrário: nossa batalha estava sendo bastante sofrida. A gente precisava ralar muito. Uma pedreira sem tréguas. Financeiramente, o projeto do rock ainda não dava nem sinal de que poderia render. Estávamos em 1963 e o Brasil passava por um momento político conturbado. A gente arrasava nos shows, mas a vendagem dos discos não correspondia. Isso fez com que os cantores de rock fossem para o estilo romântico. Na verdade, não só no Brasil, mas em todo o mundo, os cantores de rock'n'roll encontraram nas baladas românticas um meio-termo que agradava a gregos e troianos. O rock balada ficou ainda mais forte com as melodias e harmonias da nova banda de Liverpool, os Beatles, que influenciaram toda uma geração.

No Brasil, compositores como Fred Jorge e Rossini Pinto passaram a fazer versões em português dos maiores sucessos internacionais. Os cantores foram gravando essas versões, as rádios passaram a dedicar mais espaço à música jovem, as vendas aumentaram e assim passamos a ver uma luz no fim do túnel.

Em São Paulo o movimento era maior, e a mídia começou a dar mais espaço para os artistas de rock. Assim como o Carlos Imperial e o Jair de Taumaturgo no Rio, lá existia um teimoso quebrador de pedras, o comunicador e apresentador Antônio Aguilar, que insistia com o seu programa de televisão e fazia sucesso entre os jovens.

Em uma de nossas visitas à capital paulista, eu e o Carlos Imperial fomos ao programa do Aguilar e travamos uma amizade muito grande. Na intenção de reforçar o nosso movimento, passamos a fazer o intercâmbio. Os cantores do Aguilar iam para o Rio e faziam os programas do Imperial. Eram nomes como Demetrius, Reinaldo Rayol, Bob Di Carlo, Meire Pavão e Albert Pavão. Enquanto isso, nós, do Clube do Rock (principalmente eu, Roberto Carlos, Simonal e Ed Wilson), viajávamos a São Paulo para fazer o programa do Aguilar.

Havia outros artistas, mas a maioria ainda não tinha disco gravado, e os custos de viagem eram pagos pelas gravadoras. Esse intercâmbio foi muito bom para todos nós. Minha gravadora, a Philips, era muito voltada para o Rio, e principalmente para a bossa nova. Dava pouca importância ao rock e sua divulgação em São Paulo era bem fraca. Com o meu esforço, consegui entrar em algumas paradas de sucesso no Rio, São Paulo e Minas Gerais.

O grande Simonal

Certo dia o Imperial me disse:

— Dudu, você canta bem, mas está precisando acabar com este seu jeito caipira. Já arranjei para você um professor de pilantragem.

— O que é isso? Professor do quê? Impera, você está de gozação comigo?

— Não, Dudu, estou falando sério. O que está faltando para você é ser mais malandro, no bom sentido, é claro. Falar umas gírias para as menininhas se amarrarem em você.

— É? E quem é esse professor?

— O melhor de todos! Wilson Simonal.

— Já sei, vou ter que pagar por isso!

— Não, Dudu, deixa comigo que eu já acertei com o Simonal. Você deixa ele morar no seu apartamento e ele não só dará aulas de pilantragem, como aulas de violão. Você sabe, o Simona mora muito longe, lá em Areia Branca, pega umas quatro conduções para vir trabalhar, daí ele fica morando com você e quem vai ganhar com isso é você: aulas de violão e de pilantragem.

Foi assim que convivi com essa pessoa tão especial durante um ano, mais ou menos. Só depois de muito tempo, o Imperial me confessou que aquela conversa das aulas de pilantragem tinha sido armada pelo próprio Simonal.

Era um cara maravilhoso, muito divertido e, musicalmente falando, um dos melhores ouvidos que conheci em toda a minha vida. Pude tirar proveito disso, aperfeiçoando muito o meu conhecimento de harmonia e aplicando em minhas composições o que aprendi com ele.

Quando ele precisava de algum dinheiro e sabia que eu tinha recebido a minha mesada da família, chegava perto de mim e inventava uma história. Sempre colocava a mãe dele na jogada.

— Dudu, preciso bater um lero com você, bicho, que vai estourar na silibrina. É que o bicho vai pegar lá em casa, a velha não tem nada pra botar na panela e eu sei que você vai quebrar esse galho, emprestar para o velho Simona uma grana por conta do sucesso. O Impera prometeu que vou gravar.

— Certo, Simona, quanto é?

— Pode ser uns cinquenta cruzas.

— Não, Simona, vai levar trinta por conta do sucesso e não se fala mais nisso.

Ele fazia aquela boca torta que todos já conheciam.

— Tudo bem, o que vier vai ser bem-vindo, vou voando ver minha velha.

Era um bom filho. Fumava, mas não bebia, pelo menos naquela época. Sua primeira gravação tem uma historinha interessante. O Carlos Imperial tinha uma namorada, a Terezinha, garota linda, que serviu de inspiração para uma música em ritmo de chá-chá-chá:

Terezinha
Todo dia
Dança o chá-chá-chá
Dança, menina, dança
Balança o corpo no chá-chá-chá

O disco saiu, começou a tocar no rádio e a fazer sucesso. Terezinha deu o fora no Imperial e se apaixonou pelo Simonal, tornando-se sua namorada, esposa, companheira e mãe de seus filhos.

A situação de grana ficou mais complicada para Simonal quando Carlos Imperial perdeu o programa de rádio e o dispensou como secretário. Meu professor de pilantragem precisou arranjar um emprego. Todo dia saía para procurar trabalho, mas a coisa estava difícil.

Um belo dia ele chegou na minha casa vestindo um macacão todo vermelho, escrito nas costas: "Cobrador".

— Que é isso, Simona? — perguntei, intrigado.

— É o meu novo emprego. Vou bater na porta dos caloteiros.

— Isso não vai dar certo, bicho.

— Mas foi o único emprego que consegui.

— Tudo bem, mas, por favor, tire esse macacão antes de entrar aqui, senão, o que a vizinhança vai pensar?

Poucos dias depois, ele voltou todo quebrado. Sem saber, tinha ido fazer cobrança na casa de um bicheiro e quase morreu com a tremenda surra que tomou.

Em outra época, ainda sem emprego fixo, ficava trabalhando na noite como crooner e rodava as boates de Copacabana para descolar o sustento. Como era um tremendo cara de pau, chegava na boate e perguntava para o pessoal da banda se algum músico havia faltado. Os caras já o conheciam, todos gostavam dele e procuravam ajudá-lo. Se estivesse faltando algum músico, ele dizia naquele jeito malandro que ficou famoso:

— Deixa comigo!

Não importava se ele sabia tocar determinado instrumento. Com muito charme, ficava enganando a noite toda e ninguém desconfiava de nada. Ao substituir um pianista, por exemplo, ele se valia do seu ouvido de músico e encaixava só com a mão direita os acordes. Nos acordes que não sabia, dava uma nota que se encaixasse mais ou menos na harmonia e passava a noite inteira tocando. Às vezes, até improvisava com a mão direita e, de vez em quando, colocava a mão esquerda dentro do acorde. Assim era com outros instrumentos.

Nem sempre só o charme era suficiente. Numa dessas noites, em uma boate, o baterista havia faltado. Estava programado um show de malabarismo, apresentado por um travesti, e era a bateria que dava o clima.

— Você toca bateria? — perguntou o diretor musical.

— Deixa comigo, que dou conta — respondeu Simonal, fazendo pose.

Assumiu as baquetas e foi enganando com a malandragem de sempre, até que chegou o momento culminante do show: enquanto o travesti equilibrava um monte de pratos, girando alguns na ponta de varetas nas duas mãos, o Simonal teria que fazer um rufar de tambores, naquele estilo muito usado em circos, para criar suspense.

Acontece que ele nunca tinha feito um rufar de tambores e não imaginava que iria precisar fazê-lo justamente naquela noite. O maestro deu o sinal para o baterista improvisado, e ele fez o melhor que pôde. O rufar foi tão ruim que o malabarista se desequilibrou e os pratos caíram no chão. Diante do vexame, o travesti rodou a baiana e Simonal teve que sair correndo de lá.

Mas não havia aperto que intimidasse o rei da pilantragem. Ele cantava qualquer música que pedissem e, se não soubesse a letra, tinha sempre uma saída:

— Esta eu sei cantar em inglês.

Então inventava as palavras na hora, imitando o sotaque americano.

— Simona, você é mesmo cara de pau — dizia-lhe eu. — E se tiver um americano na plateia?

— Aí é que é bom. Ele vai pensar que estou cantando em português.

— E se o cara é brasileiro?

— Ele pensa que estou cantando em inglês.

CONHECENDO A TURMA

A banda mais famosa da noite do Rio de Janeiro era a do Ed Lincoln. O Simonal queria porque queria ser um dos cantores do grupo. Um dia, o Imperial conseguiu um teste para ele e o Ed gostou muito. Porém, o Simona precisava de traje a rigor, pois a banda só se apresentava no Copacabana Palace e nas casas noturnas mais chiques do Rio.

Ele chegou para mim, na maior cara de pau, e mandou essa:

— Dudu, ontem eu me lembrei de você. Estava passando numa casa de becas invocadas, tinha na vitrine um summer maravilhoso e eu vi o amigo dentro dele.

— Simona, o que eu tenho a ver com summer? Nunca coloquei um em toda a minha vida!

— Mas você precisa de um summer, não pode ficar sem um no armário. Se for convidado para uma festa de gala, como vai fazer na última hora? O summer é único, ninguém vai ter outro igual. É bege com lapela branca de seda, completo, e está em oferta. Não quer dar uma olhada?

Lá fui para ver a roupa e ele me convenceu a comprá-la. Na verdade, nunca a usei. Ele sim, de vez em quando, chegava com aquele jeito malandro, me fazia algum elogio e em seguida vinha a cantada:

— Não falei que o nosso summer ia ser de utilidade? Hoje o Ed Lincoln vai tocar no Copacabana Palace e quem vai vestir a beca bege com lapela de seda sou eu... Se você deixar, é claro.

Às vezes, eu dizia só de gozação:

— Simona, que pena, hoje não dá, porque tenho que ir a uma daquelas festas de gala... você até me disse que eu ia precisar do summer exatamente para essas ocasiões, lembra? Que coincidência, não é?

— Mas que azar, logo hoje que eu ia ganhar um cachê para aliviar um pouco a minha dívida com você!

— Quem sabe o Imperial empresta um para você.

— Dudu, no smoking do Impera cabem dois Simonal. Mesmo que eu peça, e se ele não emprestar? Como vou fazer? O Ed Lincoln vai me mandar embora. Estou ferrado, Dudu! O que faço agora?

Além de cantar bem, ele era um verdadeiro ator: fingia que chorava, de dar pena até em mim, que sabia das suas armações.

— Coitada da minha velhinha, estava contando com uma parte dessa grana!

Ele sabia que, partindo para o emocional, ganhava todas.

— Tá bom, Simona, tá bom, estou brincando, não tem festa nenhuma. O summer é todo seu.

Feliz da vida, ele tomava banho cantando todo animado, vestia o summer, usava o meu perfume e ainda me pedia carona.

De vez em quando eu viajava para a fazenda e, por algum motivo, demorava a voltar. Quando chegava, tinha sempre alguma surpresa. Simona tinha colocado no prego o meu relógio Longines de estimação, ou meu summer estava alugado para alguém.

— Simona, por quê?

— Dudu, a minha velha estava precisando de uns remédios e você não estava aqui para me emprestar, foi com muita dor que eu coloquei o relógio no prego. Pensei também que lá ele ia ficar mais seguro, já que sei que é de estimação, pois pertenceu ao seu saudoso pai.

No mesmo estilo era a explicação sobre o aluguel do summer:

— O summer está em boas mãos, Dudu. Está aos cuidados do nosso amigo Marcos Moran. Segurança total. Além disso, pude arranjar uns trocados para minha mãezinha...

Marcos Moran era um cantor amigo do Simonal que o imitava em tudo, cantando, falando, gesticulando, sorrindo e até entortando a boca para falar. O cara, às vezes, precisava do summer, o Simonal emprestava e recebia em troca metade do cachê que Moran ganhava.

Tudo tem um fim. Até aquele summer que nunca cheguei a usar. Sua gloriosa e breve carreira, como roupa de gala de cantores na noite carioca, terminou quando ele foi alugado para o Erasmo Carlos. O Tremendão até conseguiu vesti-lo, mas logo no primeiro acorde a beca rasgou nos ombros.

E o saudoso Simonal, depois que fez sucesso, toda vez que nos encontrávamos ficava relembrando as histórias daqueles tempos.

Descobridor de talentos

Determinado, muito inteligente, vaidoso ao extremo, amigo dos seus amigos, Carlos Imperial adorava liderar. Tinha o poder de pinçar um talento no meio da multidão. Sabia como ninguém vender o peixe para os poderosos da mídia. Foi responsável direto por minha carreira e pela de muitos outros artistas, como Wilson Simonal, Roberto Carlos, Erasmo Carlos, não só da jovem guarda, mas também do samba, como Clara Nunes, por exemplo.

Clara era namorada do meu irmão Aurino, em Belo Horizonte. Mesmo depois que o namoro terminou, ela me chamava de cunhado. Aurino queria fazer dela uma cantora famosa e a apresentou ao Carlos Imperial. Eu estava morando junto com o Imperial, dividíamos um apartamento em Copacabana, e ela se hospedou conosco por algum tempo.

Imperial falou com o diretor artístico da gravadora Odeon, Milton Miranda, e conseguiu um contrato para a Clara, que logo de cara gravou um LP, algo incomum na época, pois todo artista novo começava com um compacto. Era um disco de boleros, produzido por Imperial, mas não foi muito bem. Nada aconteceu.

Quando o primeiro disco não fazia sucesso, as coisas ficavam difíceis para o artista. Mas Imperial teve uma ideia incrível:

— Vem aí o Festival Internacional da Canção, da TV Globo. Vou lançar a Clara de um jeito que vai dar certo, tenho certeza.

Mestre nas fórmulas do sucesso, ouviu as músicas de Ataulfo Alves e fez um samba exatamente no estilo dele: "Você passa e eu acho graça". Depois foi comigo tentar conversar com o Ataulfo, em um bar que ele frequentava. Ele nos recebeu com simpatia, embora um pouco desconfiado.

Depois das apresentações e cumprimentos, Imperial pediu um refrigerante e entrou direto no assunto.

— Compus uma música muito parecida com as suas e queria que você entrasse como parceiro.

— Como é que eu vou ser parceiro de uma música que você já fez? — perguntou Ataulfo.

— Bom, na verdade você já é parceiro, porque colei trechos de várias músicas suas nesse samba. Quer ouvir?

Imperial começou a cantar ali mesmo, à capela, batucando na mesa do bar, e Ataulfo gostou.

— Quer mexer? — perguntou o Impera, logo que terminou.

— Pode mudar o que quiser.

Ataulfo ficou de pensar e, no dia seguinte, Imperial ligou para ele logo cedo. Ele mudou apenas uma frase, no refrão: "Entre as flores, você era a mais bela, minha rosa amarela, que desfolhou, perdeu a cor."

Imperial ficou eufórico e não parava de se vangloriar após o telefonema:

— Com Ataulfo de parceiro, essa música emplaca no festival, sem nenhuma dúvida!

Pediu-me que chamasse Aurino com urgência, para contar a novidade.

— Aurino, já temos a oportunidade perfeita pra Clarinha. Só falta convencer o meu parceiro Ataulfo, para que seja ela a intérprete da nossa música no festival.

No mesmo dia, Imperial fez a inscrição da música no festival. Marcou um jantar com Ataulfo para o dia seguinte e ensaiou com a Clara para que ela cantasse a música para ele no tal jantar. Ela levou o violão e cantou, como planejado.

— Sua voz é muito bonita! Com toda certeza essa música vai ser um sucesso no festival, cantada por você. Você é uma deusa! — Ataulfo era só elogios.

— Amanhã mesmo vamos entrar no estúdio para gravar — disse Imperial.

Acompanhei Clara ao estúdio, onde fizemos o arranjo na hora e a gravação ficou ótima. Imperial convenceu meu irmão a investir na produção de cem cópias do disco em acetato e, além disso, contratar um bom divulgador, o Aldacy Louro, conhecido como Negão.

— Não digam a ninguém que fizemos essa gravação. Vamos esperar o momento certo — avisou a todos nós.

Ele tinha lido atentamente o regulamento do festival, com seu irmão Francisco, que era advogado. As canções precisavam ser inéditas, sob pena de desclassificação. Na primeira noite do festival, Clara apresentou a música e passou para a etapa seguinte. Era aquele o momento planejado por Imperial.

— Amanhã cedo, percorra as emissoras de rádio — disse ao divulgador Negão — e entregue esses acetatos aos programadores e apresentadores dos principais programas.

Para as rádios, foi como um furo de reportagem. Tocavam toda hora e o samba estourou. Mas soou como bomba também na TV Globo, onde a direção do festival pediu a imediata eliminação da música. No dia seguinte, a notícia estava na primeira página dos jornais: o samba de Ataulfo e Imperial seria desclassificado.

Imperial ligou pedindo uma reunião e me chamou para ir com ele. Acompanhado de seu advogado, pediu que explicassem o motivo da desclassificação.

— Lamentamos muitíssimo o que ocorreu — disse Augusto Marzagão, criador e diretor do festival. — Mas a gravadora de vocês foi irresponsável. Feriu o regulamento, porque a música deixou de ser inédita.

— Pois estamos aqui para discutir o regulamento, Marzagão — disse Imperial. — Vamos ler o que está escrito?

Tirou do bolso uma cópia do regulamento e começou a ler.

— Nesta cláusula aqui, está escrito que a música tem que ser inédita para se inscrever. Mas, no momento em que uma obra artística é apresentada ao grande público, deixa de ser inédita, não é? Todas foram apresentadas para o Brasil inteiro, pela Rede Globo. Se a nossa música for desclassificada, as outras devem ser também, ou então vou processar o festival, os organizadores e a TV Globo, com base no regulamento.

Os advogados saíram da sala para confabular com Marzagão e, alguns minutos depois, voltaram com seu parecer: Imperial tinha razão. A música seria mantida.

Depois disso, os outros concorrentes se apressaram para gravar e divulgar suas canções, mas o samba de Ataulfo e Imperial, na voz de Clara Nunes, já estava tocando no rádio, sem parar. Não foi primeiro lugar na fase nacional do Festival Internacional da Canção, mas indiscutivelmente foi a música de maior sucesso. Tudo por artimanhas de Carlos Imperial.

As frustrações

Numa de nossas viagens a São Paulo para divulgar nosso trabalho, fui com Roberto Carlos conhecer um famoso apresentador de televisão, Airton Rodrigues. O cara estava com a bola toda, a audiência do programa lá em cima. Chegamos à TV Tupi e levamos um chá de cadeira. Depois de longa espera, o divulgador nos chamou. Entramos no escritório do apresentador. Ele estava de costas e assim ficou.

Eu queria ser simpático, mas ele nem deu chance. Pegou os nossos discos e colocou para tocar. Primeiro o do Roberto, depois o meu. Tocava um pedaço, virava o disco e ouvia mais um trechinho.

Estava com óculos para leitura, lembro-me nitidamente da cena. Virou-se para nós, olhando por cima dos óculos e disse:

— Você é o Eduardo?

— Sim, senhor.

— Você devia trocar de nome. O seu disco está razoável.

Olhou para o Roberto e disse:

— Você é de onde, meu filho?

— Sou de Cachoeiro de Itapemirim.

Airton tirou os óculos e continuou:

— Vou te dar um conselho. Volte para sua terra e arranje um emprego. Você como cantor não vai a lugar nenhum.

Foi aquele silêncio. Eu e o Roberto ficamos sem graça e saímos de cabeça baixa. O divulgador ficou arrasado. Ali perto tinha uma padaria e nós entramos. Eu queria quebrar o gelo e falei para o Roberto:

— Que sorte a nossa! Estivemos frente a frente com Deus.

Foi aquela gargalhada.

— Bicho, o cara me detonou! — disse o Roberto rindo.

Durante a volta para o Rio, eu brincava com o Roberto o tempo todo, para manter o clima positivo. Quando contamos ao Imperial, ele ficou indignado.

— Que absurdo! Quem é este louco?

— Não sei, só sei que ele não é louco por Roberto — respondi, brincando com o título de uma versão que Imperial tinha feito para a música "Careful, Careful", de Paul Vance e Lee Pockriss: "Louco por você".

O primeiro disco de Roberto Carlos não fez sucesso. Saiu pela Polydor, com produção de Carlos Imperial e duas músicas de

CONHECENDO A TURMA

bossa nova compostas por ele, uma delas em parceria com Roberto. O contrato com a Polydor foi rompido, e conseguir outra gravadora ficava bem difícil, depois de um primeiro disco que não obtivera qualquer repercussão.

Depois de várias negativas, Imperial decidiu tentar a Continental, onde havia produzido o primeiro disco de Elis Regina. Fui junto com ele e Roberto. Nossa expectativa era grande, mas a resposta de Nazareno de Brito, diretor da gravadora, foi um balde de água fria.

— Não vou poder agora produzir o Roberto Carlos, porque estamos com o cast completo, muito grande.

Saímos desolados. Entramos no carro de Imperial, que seguiu pela avenida Rio Branco na direção da Cinelândia. Sentado atrás, muito triste, Roberto falou:

— É, bicho, tá difícil, não tenho sorte, não vou dar certo nessa carreira... estou até pensando em largar tudo e voltar para Cachoeiro.

Ao ouvir isso, Imperial ficou bravo. Parou o carro ali mesmo, no meio da avenida, interrompendo o trânsito, ficou de pé no Mercury conversível, abriu os braços e começou a gritar para Roberto:

— Porra! Eu sou o Carlos Imperial! Não é uma bosta de uma gravadora que vai me fazer desistir, e você é o Roberto Carlos, é muito mais que qualquer gravadora! Bota isto na sua cabeça. Carlos Imperial sabe o que faz!

Ignorando solenemente as buzinas dos carros que assistiam àquela cena no trânsito interrompido, o discurso de Imperial ecoava pela avenida.

— Quem está falando aqui é o Carlos Imperial e você tem que me ouvir! Você vai ser o maior cantor romântico do Brasil! Está ouvindo? O maior cantor romântico do Brasil!

Até que ele se deu por satisfeito, depois de ver Roberto balançando positivamente a cabeça. Como se nada incomum tivesse acontecido, sentou-se novamente ao volante e seguiu seu rumo.

Nos dias seguintes, continuou insistindo com todo mundo. Não parava de ligar para todos os seus contatos nas gravadoras. Alguns dias depois, atendi ao telefone e era o Chacrinha. Chamei o Imperial, que ficou empolgado com a notícia. Roberto Corte Real havia assumido a direção da CBS e concordava em contratar Roberto Carlos.

Fui com eles no dia seguinte, mas dessa vez fiquei na sala de espera, fazendo figa, enquanto os dois conversavam com Corte Real. Saíram sorridentes.

— Dudu, dê parabéns ao Roberto — veio dizendo o Imperial em minha direção. — Ele acaba de ser contratado pela CBS e não vai gravar um compacto; vamos direto para um LP! Roberto vai gravar um long-play, Eduardo!

Louco por você. Foi este o nome do primeiro LP de Roberto, que decolou. Produzido por Imperial, com a participação da banda Renato e seus Blue Caps e de Lafayette ao piano. Contando com a força de Chacrinha no esquema de divulgação, Roberto foi para a parada de sucessos e nunca mais saiu. Foi também a partir deste disco que o Erasmo Carlos deixou de ser secretário do Imperial e passou a compor músicas com o Roberto Carlos. Logo depois, o Erasmo tornou-se cantor da banda Renato e seus Blue Caps.

Quanto a mim, estava com saudade da fazenda, cansado daquela vida agitada da cidade, e resolvi dar um tempo, junto com meus cavalos.

5. MEU PAI

Logo que nasci, me apelidaram de "Cabelinho Vermelho". Meus cabelos eram ruivos, e foi assim que ganhei o apelido. A velha Felícia foi a minha primeira babá, mas não por muito tempo, pois eu cresci tão rápido que sá Felícia, como era chamada, não aguentava me carregar. Sei que tive outras babás e que descadeirei algumas.

O meu pai transformava seus sonhos em realidade, sempre pensando no bem-estar de todos. Tinha uma legião de amigos que crescia cada vez mais. Tornou-se, em pouco tempo, um homem conhecido em todo o estado de Minas Gerais e em outros, como Bahia e Espírito Santo, por seu criatório de equinos, muares e gado mocho. Recebia em nossa fazenda visitas de políticos, empresários e pecuaristas de todo o Brasil. Entrou para a política e ajudou a eleger alguns em prol do nosso município. Mas um dia, quando eu era ainda um menino de onze anos, ele se foi.

A casa principal da Fazenda Aliança já estava pronta, um verdadeiro palacete. Tinha tudo de primeira linha, comparável às melhores casas de fazenda mais modernas de São Paulo. Minha mãe não via a hora de se mudar para lá. Fiquei com pena da casa velha, onde eu e meus irmãos havíamos nascido. Meu pai nos convidou para conhecer por dentro a casa que já se encontrava toda mobiliada e pronta.

Conforme nos aproximávamos, íamos percebendo mais detalhes daquela casa maravilhosa. Subimos a escadaria que dava acesso à varanda que se estendia por toda a frente da casa. Ela estava toda decorada com móveis de ferro em branco, almofadas em tecido e couro em verde-escuro. A vista era maravilhosa, e uma brisa constante vinha da represa e da cachoeira que ficavam em frente. Podia-se ouvir o barulho das águas batendo nas pedras. À esquerda, dava para ver quem chegava pela estrada. Um belo jardim, com uma fonte no centro, completava a paisagem.

Meu pai nos fez entrar na sala e ficamos encantados com as paredes, todas pintadas a óleo, na cor creme, com um beiral ornamentado com desenhos feitos à mão. Havia um lustre de cristal no centro da sala, e, na parede em frente, um grande painel de espelho de cristal com uma moldura escura, de jacarandá. Diante do espelho, também em jacarandá, existia um aparador no estilo Luís XV. Um amplo tapete persa, poltronas de veludo posicionadas no lado direito da entrada e um móvel original Luís XV, cuja imagem se refletia no espelho, completavam a decoração. Acima desse móvel, um retrato a óleo do meu pai assinado por um pintor francês, famoso por ter retratado várias personalidades no Brasil. Depois de percorrer toda a casa nova, inclusive com tempo para admirar a mesa redonda da sala de jantar, com seu centro giratório para facilitar na hora de servir os pratos, nos instalamos na sala para conversar.

Lembro-me de um comentário de meu pai quando abraçou minha mãe, olhando para o quadro:

— Viu, minha velha?, este quadro é para você se lembrar de mim quando eu não estiver mais aqui.
— Lídio, que conversa é essa? Você sempre estará aqui!
— Bem, se vocês quiserem, podemos fazer a mudança amanhã, porque quero passar ainda essa noite na minha tapera velha, para me despedir dela e agradecer. Depois de amanhã, tenho de ir até a fazenda Duas Pedras.

No dia seguinte mudamos com facilidade, pois foi só levar nossas roupas e objetos pessoais da antiga casa para a nova. Ao levantar pela manhã, vi que meu pai já estava montado no cavalo e apareceu para beber água mineral São Lourenço, que ele adorava. Aquele momento ficou registrado na minha memória. Minha mãe levando a água e ele bebendo na própria garrafa, com prazer. E eu ali admirando com orgulho: "Esse é meu pai!"

No outro dia acordei bem cedo, imaginando que meu pai nos convidaria para ir com ele até Duas Pedras. Amanheceu alegre, assobiando (o que ele fazia muito bem) uma melodia muito bonita, mas não era de nenhuma música conhecida.

Tomou o café da manhã conosco e se preparou para viajar. Minha mãe pediu que ele levasse algum de nós para acompanhá-lo. Ele resistiu dizendo que não, que o Piu já viajava com ele. Piu era um anãozinho de oitenta centímetros de altura, que era nessa época o ajudante mais próximo de meu pai. Seu físico não tinha as proporções típicas de um anão. Confesso que fiquei com muito ciúme quando ele começou a trabalhar para meu pai, mas com o tempo passamos a nos divertir muito com ele. O Piu montava muito bem, era um bom adestrador de pôneis e, para cavalos e burros, tinha selas próprias, arreatas, tudo proporcional ao seu tamanho. Era interessante ver os dois juntos, meu pai com mais de dois metros e, ao seu lado, aquele homem minúsculo.

Meu pai entrou na caminhonete e deu partida. Ficamos da varanda vendo o carro ganhar distância na estrada, quando ele buzinou três vezes. Lembro que minha mãe comentou:

— Nunca vi o Lídio buzinar na saída!

Falou com um ar de preocupada. Passaram uns dois dias e a gente ali, curtindo o conforto da casa e minha mãe fazendo doces e biscoitos, e todos nós esperando que o papai chegasse a qualquer hora. Eu estava brincando no fundo da casa e um besouro me perseguia como se quisesse me avisar de algo.

À tardinha ouvi barulho de patas de cavalo se aproximando e alguém no portão da casa chamando por dona Maria. Corri para lá, ouvi gritos e choros. Meu coração disparou. Em meus ouvidos, soou um canto de cigarra, estridente e ensurdecedor. Minha mãe, em prantos, abraçava os filhos repetindo um lamento desesperado:

— Seu pai morreu! Seu pai morreu!

O mundo parou e tudo ficou cinza. O sonho acabou. Uma dor imensa tomou conta de todos nós. A minha irmã Raquel tentava ainda nos consolar.

— Eu não acredito. Nosso pai não morreu. Quando ele chegar aqui, vai se levantar e todo mundo vai ver que foi um engano.

Aquelas palavras de minha irmã me encheram de esperança. Quem sabe aquilo poderia acontecer! Veio um motorista nos buscar e fomos todos para Joaíma. A cidade estava de luto. Todos choravam, e a minha esperança de encontrá-lo vivo foi por água abaixo.

MEU PAI

Então, chegamos a casa onde estava sendo velado o corpo do meu pai. Minha mãe chorava sem parar e entrei em pânico. Parecia que eu estava vivendo um pesadelo. Toda hora chegava um carro de fora, trazendo amigos dele, vindos da Bahia, das cidades vizinhas e de Belo Horizonte.

Dias depois, ficamos sabendo como tudo acontecera. Meu pai saiu da fazenda naquele dia, passou em Joaíma e foi para a Fazenda Duas Pedras. Dormiu lá e, no dia seguinte, foi para outra que ele tinha comprado recentemente, de nome Crauno. A propriedade estava sendo toda reformada — os currais, a sede, as cercas, tudo — e havia sido construída uma barragem, para onde meu pai levou uns patos e gansos.

Trabalhou o dia inteiro e, no fim da tarde, sem falar nada com ninguém, pegou sua mula, montou e saiu. Como não voltou, os empregados acharam que ele tinha ido para a Duas Pedras, perto dali. Ninguém tomou nenhuma providência nem foram procurá-lo. Só no outro dia começaram a se preocupar porque encontraram a mula que ele estava montando sozinha no pátio da fazenda. Foi então que saíram à procura de meu pai, mas ele não estava nas imediações. Daí tiveram a ideia de tocar a mula para ver se ela refazia o caminho que percorrera com o dono. Descobriram que, na verdade, ele tinha ido até a barragem, ver os patos e os gansos, e certamente ficou apreciando o entardecer. Começou a formar chuva e ele parecia ter se abrigado embaixo de uma árvore centenária, um jequitibá.

Foi assim que o encontraram, encostado à raiz do jequitibá. O diagnóstico foi de que ele havia morrido do coração, pois antes fizera um regime em função do colesterol alto. Só depois eu mesmo pude constatar que meu pai fora vítima de um raio que pegou na árvore e o atingiu. Como cheguei a essa conclusão? Choveu forte a noite inteira, ele passou mais de 48 horas para ser enterrado e não havia qualquer sinal de decomposição. Observei que havia apenas uma mancha roxa no seu pescoço. E a árvore, em pouco tempo, secou completamente. Hoje, nem sinal dela.

Muita gente falava que ele tinha construído uma casa e que não conseguiu desfrutá-la, mas o meu pai não fazia nada pensando nele, era sempre em benefício dos outros. Ele ficava feliz fazendo as pessoas felizes. Por isso é que a cidade e toda a região sentiram-se órfãs também.

Chico Xavier

Certa ocasião, meu pai foi a Uberaba especialmente para ver, na Expozebu, um touro importado da Índia, chamado Bacará. Meu pai era um verdadeiro alquimista em sua atividade, gostava muito disso e achava que aquele touro tinha tudo para fazer o seu gado ficar ainda melhor. Entrou no galpão onde estava Bacará e ficou horas admirando. Quanto mais olhava, mais tinha certeza de que havia encontrado o reprodutor ideal. Aproximou-se de uma roda de criadores, perguntou sobre o responsável pelo Bacará, mas responderam que o dono do boi estava ocupado fazendo negócios e não podia atendê-lo. Resolveu esperar e ficou observando todo o gado que estava ali, muitas matrizes com faixas de premiadas e até de campeãs da exposição. Depois de muito tempo sem ser atendido, veio até ele um senhor que era o gerente e perguntou se poderia ser útil, porque o dono estava num almoço e não voltaria.

— Se o senhor puder fechar negócio, não preciso nem conhecer o seu patrão — disse meu pai, um pouco decepcionado com a recepção.

— Não posso fechar negócio, mas o senhor me diz o que quer comprar, eu falo com ele e lhe trago a resposta.

— Então diga a ele que quero comprar todo este gado aqui do galpão e o touro Bacará.

O gerente, surpreso, ligou para o fazendeiro que chegou logo em seguida. Ao ouvir o nome do meu pai, pediu muitas desculpas, pois sabia de sua fama como criador. Reuniu em torno deles os outros criadores que ali estavam e meu pai confirmou a intenção de comprar todo o gado — inclusive o Bacará, é claro. Como era uma soma muito alta, convidou depois um cunhado da Bahia, o Gedel Quadros, para ser sócio nessa aquisição.

Ele foi à exposição de Uberaba para comprar apenas um boi e de repente se tornou um grande criador de gado indo-brasileiro.

Muito tempo depois — meu pai já falecido e eu, nos caminhos do rock —, recebi um telefonema do meu sobrinho Márcio Kangussu, dizendo que meu irmão mais velho, Wilson, sogro dele, estava muito mal. Parecia possuído por algo estranho e bebia sem parar, de manhã até a noite. Kangussu queria levá-lo ao médium Chico Xavier. Na época eu já era brevetado e tinha meu próprio avião. Chamei o meu primo Jefferson, grande piloto, contei-lhe o problema e voamos até Joaíma para levar Wilson a Uberaba, onde vivia Chico Xavier. Foi duro convencer meu irmão, mas ele acabou concordando. Encheu a cara e entrou no avião. A bordo, também estavam Jefferson e Kangussu. Logo que decolamos, entrou uma frente com chuva pesada e tivemos que passar para cima das nuvens. Então chegou pelo rádio a notícia de que o aeroporto de Belo Horizonte, onde havíamos planejado abastecer, estava fechado para pouso e decolagem.

— É hoje que vamos todos pro inferno! — gritava Wilson, dando risadas.

Enfim avistamos uma brecha nas nuvens, acima de Governador Valadares. Cortamos o motor e enfiamos no buraco da nuvem, torcendo para que o pico do Jaraguá não estivesse logo abaixo. Graças a Deus isso não aconteceu, conseguimos um bom visual e descemos. Passamos a noite ali, com o Wilson bebendo todas e dando trabalho. No outro dia, em São Paulo, o grande amigo Augusto César Vannucci, então diretor da linha de shows da TV Globo, me ajudou a entrar em contato com o Chico, por telefone. Prontamente ele concordou em receber-nos na manhã seguinte, em sua casa, antes de ir para o seu centro espírita.

Wilson tinha dado uma trégua na bebedeira, depois que o levamos a um acupunturista. Algumas agulhinhas na orelha fizeram-no dormir tranquilamente. Aproveitamos o bom tempo e voamos para Uberaba à tarde, pois assim poderíamos chegar bem cedo ao encontro com o Chico. Naquela noite, porém, Wilson continuou dando trabalho, só que o motivo desta vez não era a bebida, e sim a emoção de conhecer o famoso e carismático Chico Xavier.

— Prefiro ele bêbado do que perturbado desse jeito! — comentou o genro, Kangussu.

MEU PAI

Chegamos à casa do Chico às sete da manhã e fomos muito bem recebidos. Ele nos serviu café, disse que o acompanhássemos até o centro e pediu que eu fosse no carro dele.

— Seu irmão vai ficar bom, vai se curar do alcoolismo, fique tranquilo — comentou com voz suave. — E sua mãe, como vai? E como está dona Antoninha? E seu Bita?

Eu não tinha falado nada a ele sobre minha mãe, nem sobre nossa cidade, e me surpreendi quando ele começou a perguntar sobre diversas pessoas de Joaíma. Fiquei ainda mais surpreso quando ele descreveu a praça, a igreja, e me perguntou pelo dono de uma pensão.

"Que homem extraordinário! Que mediunidade incrível!", pensei, enquanto ele falava de detalhes da nossa fazenda e perguntava por nosso gerente, o seu Lisboa.

Quase chegando ao centro, não me contive:

— Chico, estou impressionado com a sua mediunidade. Que poder você tem para ver as pessoas e locais! Você se transporta para lá?

Ele riu docemente e respondeu:

— Que mediunidade coisa nenhuma, Eduardo, carreguei você no colo! Eu era funcionário da Associação Brasileira dos Criadores de Zebu e todo ano ia lá, fazer o registro do gado do seu pai. Ficava hospedado na própria Fazenda Aliança e me lembro que você era levado da breca...

Como o mundo é pequeno — pensei, feliz da vida por estar ao lado daquele santo homem e saber que ele tinha me carregado no colo. Chegamos ao centro e Chico Xavier rezou por Wilson, que nunca mais voltou a beber. Salvou a vida do meu irmão.

6. EXÍLIO NA FAZENDA

O sucesso do nosso movimento já era realidade. Começavam a surgir novos cantores e compositores, o público crescia cada vez mais, as gravadoras e a mídia se interessavam por nosso trabalho, e isso passou a incomodar os conservadores inimigos do rock. Fizeram de tudo para abafar nossa popularidade, até mesmo jogo sujo, como foi a acusação que gerou um processo de corrupção de menores envolvendo artistas e comunicadores de rádio e televisão.

Nessa época, eu e o Imperial dividíamos um apartamento quase em frente à TV Rio, na Francisco Otaviano, em Copacabana. Naquele dia, o Erasmo tinha uma apresentação na TV Rio e, depois, passou para nos visitar. Ele estava acompanhado de umas meninas que havia conhecido no programa. Ninguém podia imaginar que aquelas meninas eram iscas preparadas para envolver os artistas da música jovem numa acusação de suposto crime sexual.

Dias depois, sem mais nem menos, apareceu estampada nos jornais uma lista de nomes de artistas, encabeçada pelo Carlos Imperial. Meu nome também fazia parte. Todos estávamos proibidos de aparecer em qualquer programa nas emissoras de rádio ou televisão do Rio de Janeiro. Eu tinha acabado de assinar um contrato com a gravadora Odeon e me preparava para gravar o compacto com a música "O bom".

Nasce um anjo em minha vida

Impedido de me apresentar em programas de rádio e TV no Rio, a solução foi continuar divulgando meu trabalho nos outros estados. Em São Paulo, o grande Chacrinha, já então solidário com a turma do rock, fazia muito sucesso na TV Excelsior; eu costumava ser uma das atrações no seu programa. Com isso, fui me tornando mais conhecido em outras partes do país. Naquele período, mudei para São Paulo, onde morava com um primo.

— Agora, com vocês, o maior cantor de rock do Brasil! — o Velho Guerreiro me anunciava, turbinando com sua empolgante performance a música "O bom", que seria meu grande sucesso daquela temporada.

Meu carro é vermelho
Não uso espelho pra me pentear
Botinha sem meia
E só na areia eu sei trabalhar
Cabelo na testa, sou o dono da festa
Pertenço aos Dez Mais...

EXÍLIO NA FAZENDA

Em Belo Horizonte, meu irmão Aurino passou a representar a fábrica de chocolates de um primo, a Dizioli. Para divulgar a marca, resolveu patrocinar um programa na TV Alterosa, com a apresentação do Carlos Imperial, trazendo do Rio vários artistas, como Renato e seus Blue Caps, Ed Wilson, Erasmo Carlos, Wanderléa e os dançarinos do Clube do Rock, entre outros. Além disso, vários talentos mineiros seriam lançados.

Um dia depois do programa de estreia, o Imperial me pediu que o levasse a um clube na Pampulha. Tinham falado muito bem de uma jovem cantora e ele queria conhecê-la sem demora. Quando chegamos ao clube, o show havia começado. A princípio, pensei que ela estava fazendo mímica da Rita Pavone, porque a voz era muito semelhante. Ao perceber que não era dublagem, fiquei emocionado com o estilo da loirinha, que por sinal era uma graça.

No final, a plateia aplaudiu com grande entusiasmo. Fui para o carro, estacionado em frente ao clube, enquanto o Imperial conversava com ela e a mãe. Olhando de longe, sem que ela me visse, algo estranho aconteceu. Tomado por um encanto que eu jamais havia experimentado até então, me senti atraído como se ela fosse um ímã, como se eu a conhecesse de outros tempos, desde sempre. Um sentimento inexplicavelmente parecido com a saudade. Mas como, se era a primeira vez que eu via aquela moça? Quanto mais a olhava, mais me dava vontade de abraçá-la. Uma emoção muito diferente dos sentimentos que eu tinha por outras garotas. Algo realmente divino. Rostinho angelical, sorriso lindo, bem magrinha, elegante, cabelos lisos e loiros, fiquei loucamente apaixonado à primeira vista.

Saímos dali e eu contei para o Imperial.

— Acho que estou ficando louco, mas aquela menina tem algo de especial, não consigo parar de pensar nela.

Ele riu.

Passei a semana toda em BH e, nos dias seguintes, não consegui tirá-la da cabeça. Ficava vendo aquele rostinho na minha frente o tempo todo. Quando Aurino me pediu que fosse com ele buscar a menina em São João del-Rey porque no carro dele não caberiam todos os integrantes da banda, fiquei vibrando.

Meu irmão tinha um carro importado conversível, um Oldsmobile de chamar atenção, e eu tinha um Aero Willys novinho. Lá fomos nós.

Chegamos à casa da cantora, que já nos esperava com a sua banda. Ela simplesmente não tomou conhecimento de mim. Foi com a mãe no carro do meu irmão... e eu levei aquele bando de marmanjos no meu carro. A caminho de Belo Horizonte, pelo menos deu para saber que ela não namorava ninguém da banda. Essa informação valeu a viagem.

A garotinha arrasou em sua apresentação no programa da TV Alterosa. Só depois que eu cantei, no mesmo programa, é que ela começou a me notar. Trocamos alguns olhares, conversamos sobre música durante rápidos minutos e a coisa ficou por aí.

Muito tempo depois (podem ter sido dias, ou semanas, que me pareceram séculos) recebi uma carta dela. Dizia que estava acompanhando o meu sucesso, que gostaria de se apresentar no Rio de Janeiro, e perguntava se eu poderia ajudá-la. Guardo até hoje essa primeira carta. Preciso dizer o nome da menina? Silvinha. Um nome singelo, como a primeira canção que fiz para ela:

Coisa linda
São seus olhos, seu sorriso, seu olhar
Coisa linda
São seus lábios, que eu quero tanto, tanto, beijar
Coisa linda
Seus cabelos, seu jeitinho gracioso de falar
Coisa linda
Eu te espero, pois você também vai me adorar

O amor não tem tempo nem hora

Quando fui morar em São Paulo, procurei um radialista famoso na Tupi, o Barros de Alencar, que me ajudou naquele começo nada fácil. Devo muito a ele, por ter sido um dos primeiros a tocar a minha música nas rádios paulistas. Ficamos amigos. Não conhecia praticamente ninguém na cidade e me sentia muito solitário.

Um dia, ele me levou para conhecer sua namorada Iara Lins, atriz famosa da TV Tupi. Na casa dela, conheci Débora Duarte, que eu já tinha visto em novelas de TV e capas de revistas. Além de talentosa, era muito inteligente e bonita. Conheci também sua mãe, outra grande atriz, Marisa Sanches.

Débora estava noiva do ator Juca de Oliveira e pretendia se casar em breve. Ele estava em filmagem no interior e os dois se falavam por telefone. Nós ficávamos cada vez mais próximos e nos víamos quase todos os dias, na casa dela, ou saíamos para jantar com Iara e Barros de Alencar. De repente, estávamos de mãos dadas e namorando.

— Mas, Débora, e o Juca? — perguntei.

— Terminamos ontem pelo telefone. Contei a ele o que estava acontecendo entre nós — respondeu ela, decidida.

A família de Débora passou a ser minha família em São Paulo naqueles primeiros tempos, e isso me fazia muito bem. Eles me apoiaram, me fizeram ficar mais forte. O namoro com ela estava bom... mas o meu coração tinha ficado em Minas Gerais.

Eu pensava em Silvinha todas as noites, na hora de dormir, e ficava imaginando se tudo aquilo que senti ao conhecê-la tinha sido apenas um momento que ficaria no passado, uma impressão que se dissolveria com o tempo. Mas o sentimento continuava forte. Eu sentia uma saudade imensa, como se a tivesse perdido para sempre. Só de imaginá-la com outra pessoa, ficava desesperado e falava comigo mesmo: "Preciso ver a Silvinha, urgentemente. Preciso muito!"

A Iara Lins, muito ligada em espiritismo, fazia algumas sessões em sua casa e nos convidava. Ela usava o método da tábua Ouija para comunicação com os espíritos. Ficávamos ao redor de uma mesa, onde era colocado um copo de boca para baixo. Em volta do copo, o abecedário completo. Ela pedia que a gente se concentrasse, fazia uma oração e invocava os espíritos.

Cada um de nós pousava a mão, levemente, sobre o copo. De repente, ele começava a vibrar, chegando a escapar dos nossos dedos. Então alguém fazia uma pergunta e o copo se movimentava, de letra em letra, formando palavras e frases. Eu ficava impressionado ao ver aquele copo, movido por estranha energia, responder ao que perguntávamos.

Em uma das sessões, a Débora perguntou ao copo se eu e ela nos casaríamos. O copo foi até a letra "N" e parou. Depois seguiu para o "A". Em seguida, rumou para o "O". Débora não gostou da resposta e repetiu a pergunta em várias outras ocasiões. A resposta era sempre a mesma: "Não." Um dia, quando ela perguntou isso mais uma vez, eu tentei ajudar com uma forcinha a mais no meu dedo e o copo saiu voando. Foi um susto! O clima ficou ainda mais difícil depois que o copo voltou a percorrer as letras: "Estão tentando conduzir o copo e isso é perigoso", foi a frase que se formou.

— Eduardo, o espírito que está se comunicando conosco achou isso muito ruim — explicou-me a Iara. Eu estava levando uma bronca de um copo! Na verdade, eu não acreditava naquele fenômeno e sempre dizia isso para a Débora. Achava que um de nós conduzia o copo, talvez a Iara. Não por desonestidade, mas por sentir a influência de uma força desconhecida que poderia ser a vontade dela mesma, e não de um espírito. Porém, mesmo descrente, eu não tinha nenhuma dúvida de que estávamos nos arriscando muito.

Um dia, comentei com o Barros de Alencar que seria melhor parar com aquela brincadeira. Ele até concordava, mas era como se fôssemos atraídos por um mistério, e poucos dias depois lá estávamos, todos nós reunidos novamente. As sessões eram esporádicas no início, tornaram-se cada vez mais frequentes e passaram a ser diárias. O pior é que a Débora continuava insistindo com a pergunta sobre o casamento e resolveu dar um xeque-mate no espírito:

— Se o copo sempre responde que o Eduardo não vai casar comigo, então com quem ele vai casar?

Letra por letra, o copo foi respondendo: "Eduardo vai se casar com a próxima namorada e já conhece a moça que será sua esposa. Estiveram juntos também em outras vidas." Até então, não passava pela minha cabeça que seria a Silvinha.

Houve outra sessão em que o copo transmitiu a seguinte mensagem: "Débora é médium. Precisa desenvolver sua mediunidade. Um espírito vai incorporar nela para doutriná-la."

Nesse dia, mais uma vez, falei que não estava gostando daquilo e que era melhor parar. Conversei muito com Débora e chegamos à conclusão de que deveríamos procurar uma pessoa com mais esclarecimentos. Ainda não tínhamos encontrado a pessoa e estávamos na casa da Iara, comentando a respeito, quando notei algo estranho na Débora: suas mãos começaram a ficar enrijecidas e viradas para trás, e todo o seu corpo se contorcia.

— Essa entidade já se manifestou no copo algumas vezes e contou que cometeu suicídio na última encarnação — disse Iara.

— Vim buscar a Débora! — falou a própria Débora, com voz de homem.

Fiquei apavorado. Comecei a me pegar com todos os santos e a rezar, enquanto ela ficava cada vez mais agressiva. De repente, empurrou Iara com violência. Barros e eu a seguramos com toda força. Porém, com uma força que a Débora normalmente não tinha, ela deu uma sacudida e nós dois caímos, um para cada lado. Foi andando em direção à janela, que estava fechada, e nós pulamos em cima, segurando firme, mas ela agarrou os puxadores da janela, uma em cada mão, e vi que na base da força não íamos conseguir resolver aquilo.

EXÍLIO NA FAZENDA

Do fundo do meu coração, pedi a Deus que nos socorresse. O Barros e a Iara também começaram a rezar em voz alta. Ela deu um grito e nos empurrou de novo. Caídos no chão, vimos Débora arrancando um dos puxadores com a mão. Com muito esforço conseguimos tirá-la de perto da janela, ainda rezando, até que ela foi se acalmando. Foi por pouco: a Iara morava no quarto andar de um prédio.

Depois desse sufoco, resolvemos procurar a tia Estela, que nos apresentou à dona Maria José, presidente da Associação Espírita de São Paulo.

— Vocês não têm conhecimento suficiente para mexer com essas energias e isso é muito perigoso — explicou ela. — Está sendo prejudicial principalmente para a Débora, que é muito sensitiva.

No exato momento em que dona Maria José nos explicava isso, "a coisa" voltou a baixar na Débora e testemunhei um verdadeiro exorcismo. O espírito esperneava, chorava, e a experiente senhora simplesmente segurava a mão de Débora, conversando com a entidade, falando em nome de Jesus e pedindo a ajuda dos espíritos de luz. Aos poucos, o espírito foi se afastando e deixou Débora em paz.

Estou contando esse episódio para que sirva de exemplo a pessoas que, também sem conhecimento, queiram brincar com energias que não dominam.

Apesar do susto que passamos, o espírito que se manifestava por meio daquele copo estava certo: pouco depois comecei a namorar a Silvinha, conforme conto no capítulo 8 deste livro. E Débora Duarte permanece até hoje em minhas melhores lembranças, como uma grande amiga.

Férias forçadas

Quem me deu a notícia foi o Francisco, irmão do Carlos Imperial:

— Eduardo, todos os envolvidos naquele processo estão com prisão preventiva decretada. Vocês precisam sumir imediatamente, enquanto é tempo.

A família de Débora me apoiou mais uma vez. Sua mãe, Marisa, me emprestou um fusquinha para chegar até minha fazenda, e a Mônica, sua irmã, se ofereceu para me acompanhar até lá, junto com a tia Estela, amiga da família. Lá fomos nós. Dirigindo o fusca por 1.400 quilômetros até Joaíma. Eu torcia para não ser parado nos postos da polícia rodoviária. Rodamos noite e dia, sem descanso. Já na entrada da fazenda, dei uma acelerada no fusca, para desligar, e o motor caiu no chão.

Minha mãe tomou um susto, sem entender o que estava acontecendo. Expliquei tudo, ainda assim ela não entendeu direito, mas me apoiou e até colocou um motor novo no fusca da Marisa, para que a tia Estela e a Mônica pudessem retornar a São Paulo com o nosso motorista.

Francisco Imperial telefonou novamente, perguntando se o Carlos também podia ficar escondido ali comigo. Poucos dias depois, os dois chegaram. Francisco passou somente um dia conosco e voltou para o Rio, mas disse que podíamos ficar despreocupados, pois o doutor Gabriel já tinha contratado os melhores advogados para nos defender e, quando chegasse o momento oportuno de voltarmos ao Rio, ele avisaria.

Teríamos que passar um bom tempo por ali. Sabíamos disso e aproveitamos para compor. Todo dia saía uma música nova.

Nossa vida era tocar violão, cantar, tomar banho de cachoeira, deitar na rede, comer e dormir.

Todos os sábados, ouvíamos a parada de sucessos da Rádio Bandeirantes, apresentada pelo Enzo Almeida Passos. Vibrei quando minha música "O bom" entrou entre as dez mais. No primeiro lugar estava "Que tudo vá pro inferno", com Roberto Carlos; e "Meu bem", com Ronnie Von, em segundo. Nunca me esquecerei da tarde em que a música de Ronnie Von tocou em terceiro lugar. "Será que fui para o segundo lugar? Ou não estou mais entre os dez mais?", fiquei pensando, ansioso. Em seguida, o apresentador anuncia o segundo lugar: Roberto Carlos. Imperial começou a vibrar e fiquei mais nervoso ainda. "Primeiro lugar, Eduardo Araújo, com a música 'O bom'!", anunciou o locutor, enquanto pulávamos de alegria. Comemoramos muito.

O delegado de Joaíma era amigo da minha mãe e nos protegia. Se chegasse algum policial do Rio para nos prender, ele ligaria avisando, a gente montaria a cavalo e iria para outra sede da fazenda, aonde não se chegava nem de automóvel. No fundo dos nossos quartos, ficavam sempre dois cavalos arreados. A qualquer momento poderíamos saltar a janela, montar e sair em disparada.

Um dia, minha mãe bateu na porta e avisou que estava vindo um carro.

Vestimos nossas roupas correndo. Pulamos a janela, apertei a barrigueira do meu cavalo e montei. O Imperial veio mais atrás, não apertou a barrigueira e montou. Quando pisou no estribo, a sela virou e ele caiu.

— Eu me entrego! Não aguento mais! — ficou repetindo, aos gritos, deitado no chão. Parecia cena de humor em filme de faroeste.

Imperial, técnico de futebol

Em Joaíma havia um time chamado Atlético, que era profissional, jogava em toda região e era muito respeitado. Outro time local era o Rener, cujo presidente, Diran Gomes, por sinal, era irmão do senhor Tonico, presidente do Atlético e também prefeito da cidade. Diran Gomes, sabendo que Carlos Imperial estava temporariamente em Joaíma, e que era botafoguense doente, grande entendedor de futebol e amigo do Zagalo, o convidou para ser técnico do Rener.

Imperial gostou muito, principalmente pelo cachê oferecido — uma bandeja de pastéis e uma dúzia de garrafas de Coca-Cola, todos os dias. Começou fazendo um treino sem bola. Os jogadores acharam aquilo estranho. Era divertido ver Imperial treinando os jogadores sem bola.

— Goleiro, você pegou a bola. O que é que você faz agora?

— Jogo para o lateral direito.

— Lateral, você recebeu a bola. O que faz?

— Levo até onde der e jogo para o meia-armador.

Até aí, tudo bem. Fomos para o campo, ainda sem bola. Os jogadores tinham que fazer de conta que estavam com ela. A cena era engraçada, principalmente quando a bola imaginária foi passada para um jogador chamado Batuqueiro, que era o centroavante. O Imperial gritou:

— A bola foi para você, Batuqueiro?

— Aqui não chegou não, seu Imperial.

— Seu burro! Finge que está com a bola!

— Mas não consigo ver a bola, seu Imperial.

— Não é pra ver, é para fingir!
— Ah, não sou uma pessoa fingida, não senhor.
Gargalhadas. Imperial dizia:
— Vamos jogar no ferrolho, que é o novo método imposto pelo Zagalo para o Botafogo. Todos jogam recuados, marcando homem a homem. Quando eu der o sinal, vocês fazem a jogada combinada sem bola, só que desta vez, com bola, ouviu bem, seu Batuqueiro?

Os treinamentos foram intensos e a intenção era desafiar o Atlético para um jogo. Mas o Atlético posava de importante e não aceitava jogar. Queria primeiro ver o time jogando com um de seus adversários. Imperial resolveu testar sua equipe com um time profissional da Bahia, o Fluminense de Feira de Santana.

Chegou o grande dia, festa na cidade, todos queriam ver o Rener jogando contra uma equipe profissional, que veio completa. Os atleticanos falavam em uma verdadeira goleada. Estádio lotado.

Começa o jogo e o Fluminense de Feira de Santana não conseguia jogar, a marcação era cerrada. Os jogadores não conseguiam chutar para o gol. De repente, com a bola nas mãos do goleiro do Rener, Imperial deu o sinal. O goleiro passou a bola para o lateral, este chutou para o ponta-direita, que recuou para receber, entregou para o meia-armador, que devolveu para o ponta-direita já avançado, que cruzou para Batuqueiro, que matou no peito e empurrou para dentro do gol.

Goool! Jogada ensaiada por Imperial. Os jogadores do Fluminense de Feira de Santana não entenderam nada, ficaram discutindo uns com os outros. Reiniciado o jogo, o Rener voltou para a defesa, marcação cerrada, homem a homem. O Fluminense alugou meio campo e o Imperial comentou comigo:

— Olha só o beque deles. Está em cima da linha de meio-campo.

Imperial deu o sinal, alguém atrasou a bola para o goleiro, que mandou para o lateral num passe comprido. A bola foi passada para Batuqueiro, que corria muito e... goool!

O estádio veio abaixo. O terceiro gol, de falta, foi parecido. Na ânsia de fazer gols, o Fluminense estava todo adiantado. Os jogadores do Rener ficaram alguns instantes aguardando um novo sinal do técnico. A falta foi batida para o lateral, que cruzou logo para Batuqueiro, que venceu o beque na corrida, ficou em frente ao goleiro e chutou no canto direito. Goool...

Veio o intervalo. Imperial estava no vestiário, conversando animadamente com os jogadores quando entrou o presidente do Rener, Diran Gomes, e disse que o jogo estava muito feio.

— Nós estamos ganhando, mas parece que estamos perdendo. O Fluminense não é de nada. Já podíamos ter goleado eles.

— Se você acha que o que eu fiz com o time não valeu de nada, faça o que quiser — respondeu Imperial, virando as costas e saindo.

Começou o segundo tempo e, em menos de três minutos, o Fluminense já tinha feito três gols.

— Imperial, pelo amor de Deus, volta a comandar o time! — gritou Diran.

O time voltou a ter o posicionamento do começo do jogo, marcando homem a homem até equilibrar a partida. Resultado final: 3 a 3. Depois desse jogo, o Atlético não aceitou jogar com o Rener. E o Rener, sob o comando do Imperial, fez vários jogos com diversos times, sem perder nenhum.

Os homens de preto

Um dia, o delegado de Joaíma, seu Benevenuto, ligou e foi avisando:

— Dona Maria, tem dois homens vestidos de preto querendo falar com o Eduardo, mas eu já investiguei e não se trata de policiais. Mas podem ser da Polícia Federal, disfarçados. Disseram que são da TV Excelsior de São Paulo e querem contratar o Eduardo Araújo para apresentar um programa. Dizem que o Eduardo os conhece e que se chamam Emílio e José Sacomani.

Peguei o telefone e perguntei:

— Seu Ben, estes homens são brancos, um é magro e o outro, o mais jovem, é gordo, meio bundudo?

— É, eles são assim mesmo.

— Então, por favor, só falta o senhor perguntar qual é o apelido que eu coloquei no Emílio. Se ele responder que é Gansolino, pode mandar alguém trazê-los aqui na fazenda.

Meia hora depois, um carro apontou na estrada. Logo reconheci, com alegria, os meus amigos José Sacomani e Emílio Sacomani.

No momento em que me viu, Gansolino foi logo dizendo:

— Viemos te buscar para trabalhar na TV Excelsior.

Tivemos que contar nossa história e dizer que não podíamos sair enquanto nossos advogados não nos autorizassem. Porém nesse mesmo dia, por uma feliz coincidência, o irmão do Imperial nos comunicou que o processo já estava no fim e que o juiz iria querer nos ouvir para dar o veredito. Uma semana depois, nos avisaram que podíamos ir para o Rio de Janeiro.

Lá fomos nós, com uma bagagem de novas composições e muita vontade de trabalhar. Na casa do Imperial, já nos esperavam o doutor Gabriel, o Francisco e mais dois advogados. Explicaram-nos que havia uma chance de sermos inocentados, mas que o juiz estava furioso com a nossa fuga e, principalmente, com o nosso cão de guarda, o delegado Benevenuto, que não acatou um mandado de prisão expedido por ele.

Nossa audiência estava marcada para o dia seguinte. Fomos ouvidos um de cada vez. O primeiro a ser chamado foi o Imperial. Demorou um tempão. Depois dele fui eu. Na sala, me fizeram sentar entre vários outros jovens de minha idade. Chamaram as meninas e o juiz perguntou àquela que havia me acusado:

— Você conhece o Eduardo Araújo?

— Sim, senhor juiz.

— Pode identificá-lo entre essas pessoas?

A menina respondeu que sim, mas apontou para o Paulo Imperial.

— A senhorita tem certeza?

Ela confirmou. O juiz mandou que ela se retirasse e me fez várias perguntas.

— No dia em que houve o encontro com as meninas, o senhor havia ingerido bebida alcoólica?

— Meritíssimo, eu nunca botei uma gota de álcool na boca.

— Pelo que vejo, só tem santinho aqui — comentou o juiz, com ar de ironia. — Você confirma que não teve nenhuma relação com a moça?

— Confirmo, sim, senhor.

Foi só o que ele me perguntou, e me dispensou.

Passamos para outra sala e ficamos aguardando o veredito. O tempo demorava a passar. Até que nosso advogado abriu a porta e entrou sorrindo: o processo fora arquivado por falta de provas.

Contrato com a TV Excelsior

Telefonei para os Sacomani, dando a notícia do fim do processo e, sem demora, eles marcaram uma reunião com Edson Leite e Alberto Saad, diretores da TV Excelsior. Partimos no domingo seguinte para São Paulo. Os Sacomani nos esperavam no aeroporto.

Para a nossa surpresa, eles não eram os únicos. Também estava a nossa espera um funcionário da TV Record.

— Senhores Eduardo Araújo e Carlos Imperial? Muito prazer em conhecê-los. Estou aqui em nome de Paulo Machado de Carvalho. Ele me pediu que os convidasse para fazer uma visita a nossa emissora, hoje mesmo. Posso leva-los até lá?

Emílio e José explicaram que tanto eu como o Imperial já estávamos contratados pela TV Excelsior. Começou então uma discussão entre os Sacomani e o enviado da Record. O clima ficou pesado, mas finalmente eles entraram em acordo, com a nossa garantia de que iríamos somente dar um abraço em nossos amigos da Record, e que não falaríamos em contrato.

Nos estúdios da Record, foi uma farra quando entramos no camarim do Roberto e do Erasmo. Apareceu o Paulo Machado de Carvalho e falou que só faltava a minha ida para a Record para que o time da jovem guarda ficasse completo. Eu agradeci, disse que adoraria, mas que já estava comprometido com a TV Excelsior.

— Você ainda não assinou o contrato com a Excelsior, Eduardo, então pode cantar no programa *Jovem Guarda*, pelo menos hoje — argumentou o diretor da Record.

— O auditório vai à loucura quando você cantar "O bom" — incentivou Erasmo.

— É, também não vejo problema — disse Imperial.

Sem titubear, foram me empurrando para o palco onde estavam ensaiando vários colegas que eu não encontrava havia tempos. Com muita emoção pude abraçar os integrantes da banda The Fevers, que tinha gravado comigo a base de "O bom".

A banda atacou os acordes e eu ensaiei algumas canções: "O bom", "Maringá", "Chuá chuá" e "De papo pro ar". Enquanto o programa não começava, tentamos colocar os assuntos em dia. Roberto, Erasmo, Imperial e eu tínhamos muitas coisas para conversar.

Programa no ar. Auditório cheio. Vibração total. Roberto Carlos me anunciou:

— Ele é um cara muito amigo nosso, está em todas as paradas de sucesso em todo o Brasil. Ele é o bom. Ele é uma brasa, mora? Ele é o meu amigo Eduardo Araújo.

A galera veio abaixo, eu entrei e botei pra quebrar. Foi impressionante. A música tinha estourado e muita gente não conhecia o cantor, dono daquela voz. O programa parava o Brasil nas tardes de domingo, e a maior parte do público só tomou conhecimento da minha imagem naquele momento.

Foi a única vez em que cantei no programa de Roberto e Erasmo, embora todos me associassem ao movimento da jovem guarda.

No dia seguinte, eu e Imperial fomos com os Sacomani para a TV Excelsior. Alberto Saad e Edson Leite queriam que eu apresentasse um programa no mesmo horário do *Jovem Guarda*. Foi a primeira controvérsia que tivemos, pois não topei fazer este tipo de concorrência. Seria uma guerra que não somaria para o nosso movimento.

O Imperial argumentou que, se o programa fosse aos sábados, nós levaríamos vantagem, já que poderíamos apresentar as novidades antes do programa *Jovem Guarda*. Os cantores poderiam cantar primeiro no nosso programa e só depois no programa da Record. Após muitos argumentos, assinamos contrato e ficou firmado o horário das 18 às 19 horas aos sábados. Definimos também o nome do programa: *O Bom*.

Ronnie Von

Eu tinha vendido uma boiada e comprei um carro que, por onde passava, fazia o maior sucesso. Era um Ford Fairlane V8 conversível. O carro era de enlouquecer, você apertava um botão e a capota se recolhia para dentro do porta-malas. Era todo equipado, mas, infelizmente, não era adequado para estradas de terra. Acabei com a suspensão dele nas buraqueiras, e a capota automática já não funcionava mais por causa da poeira. Tentei vender o carro em Belo Horizonte ou trocar por outro, mas todos o desvalorizavam. Dei uma arrumadinha nele, fui para o Rio de Janeiro e, passando em frente a uma loja de carros esportivos, em Copacabana, parei para dar uma olhada.

Um jovem bonitão e sorridente saiu de dentro da agência e veio em minha direção.

— Você é o sexto felizardo brasileiro a ter um Fairlane V8 — foi dizendo.

E começou a fazer uma verdadeira palestra sobre o carro, quem o desenhou, quantos foram fabricados, falou em detalhes que eu nem sabia que o carro tinha. Apresentou-se como Ronaldo Nogueira. E pediu para dar uma volta no carro. No caminho, foi detalhando tudo que precisava ser feito para que ele voltasse a ser o que era. Perguntou o que eu fazia, eu disse que era fazendeiro em Minas Gerais, mas que nas horas vagas cantava e até já tinha discos gravados. Ele me disse que era sócio da agência e que, se eu quisesse trocar o carro, ele iria valorizá-lo bem na troca. Escolhi um Impala 65, muito lindo, e acabamos fechando negócio.

Enquanto eu acompanhava a parada de sucessos pelo rádio da fazenda com Carlos Imperial, durante o nosso "exílio", ouvi pela primeira vez a versão da música "Girl", dos Beatles, com o título "Meu bem", gravada por um cara chamado Ronnie Von, e fiquei me perguntando: "Quem é esse cantor?" Depois, comecei a tomar conhecimento do Ronnie pelas revistas e falava comigo mesmo: "Eu conheço esse cara, mas não me lembro de onde..."

Até que um dia nos encontramos numa festa e ele veio falar comigo:

— Oi, Dudu, não se lembra de mim? Terminei virando cantor. Reformei inteirinho aquele Fairlane.

Minha ficha caiu. Ronnie Von era o Ronaldo Nogueira, da agência de automóveis. Demos um grande abraço, conversamos muito e ele me disse:

— Meus pais não queriam de forma alguma que eu entrasse para o meio artístico — contou-me naquele dia —, mas eu fiz a versão da música dos Beatles, gravei e foi um sucesso. Acabo de assinar contrato com a Record, para apresentar um programa, e vou convidar você para participar dele.

— Eu gostaria muito, mas estou contratado pela Excelsior, onde vou comandar um programa também — respondi.

Assim, seguimos nossas carreiras paralelas com muita amizade. Ele chegou a gravar algumas músicas de minha autoria.

Rodeio em Barretos

Eu já estava morando em São Paulo quando *O direito de nascer*, da TV Tupi, fazia o maior sucesso e era líder de audiência. Todo o elenco foi assistir ao rodeio de Barretos, o maior do Brasil. Por ser amigo de alguns atores e produtores da novela, fui convidado também.

Naquela época ainda não havia montaria em touros. O espaço era dentro da cidade e ia gente de todo o Brasil para participar daquela festa. Eu me enturmei, fiquei conhecendo muitos fazendeiros e, enquanto assistia, senti muita vontade de montar. Numa roda de amigos, comentei sobre a época em que montava em rodeios em Minas Gerais, e um sujeito que estava por perto começou a dizer, em tom desafiador:

— Lá em Minas não tem bons cavalos de rodeio! Naqueles cavalos de lá qualquer um pode montar!

Discordei e disse:

— Você está totalmente por fora. Os maiores peões de rodeio são mineiros. Já ouviu falar do Ferreirinha? Tem até música sobre ele. E do Joaquim Caixeta? É outro grande peão, que por sinal trabalhou na minha fazenda amansando burros. Ouviu falar dele? A tropa de rodeios mais famosa do Brasil é a do Zeca Capitão, lá de Minas, que tem os melhores cavalos. Não conhece?

Mas ele insistia, afirmando que o rodeio começou em Barretos. Continuei discordando e respondi que os rodeios no Brasil começaram em Divinópolis, Minas Gerais. A discussão subiu de tom, até que ele me desafiou:

— Quero ver se você consegue montar num cavalo saltador que tem aqui. Aposto que vai cair no segundo pulo.

Eu era uma besta naquela época, aceitava qualquer desafio. Então respondi:

— Pois fique sabendo que não existe cavalo, nem aqui nem em qualquer lugar, que me derrube no segundo pulo!

Ele insistiu, dizendo que apostava o carro dele contra o meu. Perguntei qual era o carro. Era um Aero Willys.

— O meu é um Mustang — respondi —, mas aposto porque sei que você já perdeu. Não vou cair de cavalo algum no segundo pulo!

EXÍLIO NA FAZENDA

Todos os companheiros ali presentes vibraram, excitados com o desafio. Então mandaram trazer o tal cavalo que todo peão tinha medo de montar. O locutor começou a anunciar uma montaria muito especial dentro de alguns instantes, um desafio do cantor Eduardo Araújo. Quando falou o nome do tal cavalo, a plateia vibrou.

"Será que vou fazer feio?" — pensei com meus botões. Nesse momento alguém comentou que aquele mesmo cavalo, num rodeio em outra cidade, tinha derrubado o peão, que se enroscou no estribo e ficou aleijado. Foi aí que fiquei preocupado e resolvi montar o cavalo sem sela. Além de ser mais desafiador, se eu caísse não teria estribo para enganchar o pé. E fui logo dizendo:

— Este é o tal cavalo? Pode deixar, neste aí eu monto em pelo.

Mandei tirar a sela e passar uma corda abaixo da cernelha para que eu pudesse passar a minha mão. O cavalo corcoveava e escoiceava. Era uma fera. O locutor passou a anunciar que a minha montaria era uma homenagem ao povo de Barretos. A atriz Guy Loup, mais conhecida pelo nome de sua personagem, Isabel Cristina, veio e me deu um beijo para me encorajar. Abriu-se a porteira. O cavalo pulou tão alto que caiu no chão comigo. "Perdi o meu Mustang", pensei, mas fiquei agarrado à montaria até que o bicho levantou. Rodou a pista saltando. A plateia delirava. Como ele não conseguia me tirar de cima, foi para cima da cerca. Nesse momento eu saltei e caí de pé. O público levantou e aplaudiu, todo mundo queria me cumprimentar e fui andando para perto dos meus amigos. O apostador tinha sumido, mas foram atrás dele e o convenceram a cumprir o combinado. Quando finalmente veio me entregar a chave do carro, falei com ele sorrindo, feliz:

— Sei que se eu tivesse perdido você não faria o que eu vou fazer agora. Não quero o seu carro, fique com ele. A nossa aposta só foi um pretexto, porque eu não aguentava mais estar aqui em Barretos sem montar no rodeio mais famoso do Brasil.

7. O BALANÇO DAS HORAS

No ano da morte do meu pai, 1953, tive as piores férias da minha vida. Em vez das brincadeiras, das horas de descanso e de todas as coisas que eu costumava fazer nessa época do ano, passei a acompanhar meu irmão Lívio nas viagens em busca de documentos para fazer o inventário. Como um dos irmãos mais velhos, ele foi escolhido para essa responsabilidade. Lívio tinha adoração por mim e gostava de me levar a todos os lugares aonde ia, como seu mascote. Além disso, também fiquei encarregado de ajudar minha mãe com os cavalos e jumentos. Eu cuidava das coberturas dos garanhões nas éguas e fazia os pedigrees dos potrinhos que nasciam. Acabei ficando responsável pela criação de cavalos da fazenda. Também viajei tocando gado de uma fazenda para outra.

Embora não fossem as férias ideais, pelo menos eram férias da escola e dos longos meses em que eu ficava distante dali. À medida que as semanas passavam, eu dava mais valor ao dia a dia na fazenda onde vivi toda a infância.

Então me lembrei de como foi triste o dia em que meu pai nos disse, alguns anos antes, que iríamos estudar num colégio interno.

O lugar escolhido por ele, para mim e meu irmão Aurino, era o Colégio Taylor-Egídio, em Jaguaquara, na Bahia. Ficava perto de Itaquara, onde moravam meus avós, então não seria tão ruim, porque às vezes poderíamos visitá-los. As minhas irmãs Raquel e Haidê estudariam no colégio interno de freiras na mesma cidade.

Nunca me esquecerei daquela viagem, porque nos meses seguintes eu sentiria muita saudade de meus pais e de tudo que eu amo. Junto com eles, viajamos o dia todo, mais de seiscentos quilômetros, e chegamos a Itaquara, uma cidadezinha bonita, com muitas praças, ruas bem arborizadas e calçamento de paralelepípedos. No centro da cidade, uma linda represa. Além dos meus avós, vários tios moravam lá. Foi muito bom encontrar os meus primos que também iam estudar no Taylor-Egídio.

A cidade era pequena, mas tinha um cinema, que era do meu tio e nós podíamos entrar sem pagar. Foi exatamente nesse cinema que conheci o meu primeiro ídolo, o caubói cantor Roy Rogers. Antes do filme principal, passavam seriados. A garotada ficava empolgada com o dele. Seu cavalo, Trigger, era lindo, cor de mel, cauda e crina brancas e uma mancha branca na fronte. Quando ele aparecia montado no Trigger e botava os bandidos para correr, a garotada gritava no cinema, fazendo o maior barulho.

Meu pai e minha mãe voltaram para a Fazenda Aliança e nós ainda passamos um tempo com a vovó Raquel e o vovô Jesuíno. A casa era bem grande, e vários primos ficavam ali durante as férias. Na mesa farta, todos os tipos de pratos da cozinha baiana.

Depois do almoço, vovó arrumava a mesa para o café, com muitos tipos de biscoito, bolo e doce. Também havia cuscuz, requeijão, pães, manteiga, tapioca, leite e outras guloseimas.

— Estafa-te, onça — dizia ela. — Se não comer, não pode ir ao cinema.

Vovó era famosa em toda a região pelos seus palavrões. No começo, fiquei horrorizado, mas com o tempo me acostumei. Tinha um primo de nome Hélio que já chegava provocando a avó, só para vê-la soltar um palavrão. "Sai daqui, seu cara de cu!", gritava ela. E outro primo, o Diltão, que tinha quase dois metros de altura, costumava chegar na ponta dos pés, quando ela estava distraída na cozinha, e cutucava o sovaco da velha, fazendo cócegas. Ela passava a mão no que achasse e jogava em cima dele, gritando palavrões: "Seu boca de chupar ovo... Eu te pego, seu cara de boceta de vaca parida!" Um dia ela me chamou para ir à feira e me deu um balaio para carregar as compras. Lá foi ela na frente e eu atrás. Parava numa banca e os feirantes gritavam: "Ô dona Raquel, olha o inhame." E ela respondia: "Esfrega no teu cu e come!" Todos riam, já acostumados com aquilo, e continuavam provocando. Outro feirante lhe oferecia umas berinjelas, e ela: "Oh, meu filho, isso parece até os colhões de Jesuíno..."

Enquanto isso, o vovô gostava de ficar sentado tranquilamente em sua espreguiçadeira, em frente a casa. Quando passava uma mulher bonita, ele esfregava os pés no chão para chamar atenção.

O ringue de boxe do Taylor-Egídio

Quando chegamos ao colégio — eu, meu irmão Aurino e meus primos Max, Jakes e Ozaná —, no primeiro dia fui logo comprando uma briga. No pátio, vi Ozaná discutindo com um aluno veterano, apelidado de Sete-Cabeças. Logo percebi que a torcida do cara era grande e, do lado do meu primo, só eu e os irmãos dele. O cara tinha um verdadeiro fã-clube. Eu tirei a camisa e parti para cima do Sete-Cabeças com mais de sete socos e com tantos pontapés que ele nem teve tempo de reagir. À medida que ele ia para trás, eu colocava meus golpes. De repente, apareceram os regentes (assim eram chamados os responsáveis pela disciplina dos alunos) e apartaram a briga.

— Em quem o Sete-Cabeças estava batendo? — perguntou o regente-chefe, Juvenal.

— Não, senhor, ele estava apanhando deste novato aqui — respondeu outro regente, que tinha chegado antes.

— Não acredito! Solta eles aí que eu quero ver — disse o Juvenal.

Foi só me soltarem que eu voltei com mais força ainda para cima do Sete-Cabeças. A cada soco que ele dava, tomava uns dez. Então separaram a briga e o regente-chefe me disse:

— Se você gosta de brigar, amanhã a sua aula de Educação Física é naquele ginásio ali.

Toda hora a campainha tocava e tinha horário para tudo: tomar banho, arrumar a cama, pegar o material escolar e ir para o refeitório em fila indiana. Comecei a notar que vários alunos olhavam para mim e alguns comentavam alguma coisa em voz baixa.

Do refeitório para a sala de aula, entrei meio envergonhado. Era meu primeiro dia de aula, na primeira escola fora da fazenda que eu frequentava; tudo era estranho para mim. Quando chegou a hora da Educação Física, um regente me disse para acompanhá-lo e fui levado para uma área coberta, enquanto os outros alunos iam para a quadra esportiva. Quando entrei, a primeira pessoa que vi foi o Sete-Cabeças. Em torno de um ringue de boxe, vários alunos treinavam com luvas e batendo em sacos de couro.

E o treinador, quem era? O Juvenal. Apresentou-me aos outros alunos e perguntou se eu gostaria de aprender a lutar boxe. Eu disse que não conhecia, mas que gostaria sim. Coloquei o uniforme de ginástica, deram-me um par de luvas e me ensinaram como vesti-las. Primeiro, as aulas de fundamento: guarda, esquiva, solta, direta, gancho e por aí afora. E fiquei nisso durante várias aulas.

— Hoje vamos começar em dois rounds — disse Juvenal um dia. — Vamos lutar. E vocês vão poder botar em prática o que aprenderam. Um aluno mais avançado escolhe um calouro.

A orientação é que os lutadores tivessem mais ou menos o mesmo tipo físico e peso, mas quem me escolheu foi um aluno mais alto, o Carioca. Parti feito um louco para cima dele. O rapaz se esquivou várias vezes dos meus golpes e soltou um gancho de direita, muito bem colocado, bem na ponta do meu queixo. Apaguei na hora. Só então eu percebi por que, nos gibis, quando um personagem leva uma pancada, surgem várias estrelinhas...

Como o colégio era americano, eles seguiam mais ou menos o modelo de uma escola americana. O esporte era fundamental:

futebol, beisebol, vôlei, basquete, boxe; praticavam-se várias modalidades. Nunca fui muito bom nas matérias, mas era destaque nas atividades esportivas, especialmente no futebol, em que me revelei um bom goleiro.

De vez em quando eu ia para uma reserva florestal, que havia lá, para matar as saudades da fazenda. Exercitava-me subindo nas árvores, pulava de galho em galho. Alguns colegas me acompanhavam, enquanto outros ficavam olhando. E foi aí que ganhei um apelido que me acompanhou por muitos anos: Chita. Assim fiquei conhecido como goleiro, com o nome da macaca do Tarzan. Todos me elogiavam muito pelo meu desempenho, e chegaram a dizer que, quando crescesse, eu iria jogar numa grande equipe.

Como as férias de julho eram curtas, em vez de fazer a viagem até a fazenda, eu e meus irmãos íamos para Itaquara e ficávamos na casa da vovó Raquel. Os primos todos se reuniam lá: Max, Jakes, Agenorzinho, Catueiro, Ozaná, Fernandinho; era uma farra. A gente jogava bola, nadava escondido na represa, fazia estilingue pra caçar inhambu (que chamávamos lambu), e de vez em quando uma pedra perdida atingia uma vidraça.

Durante os dois anos em que estudei no Taylor-Egídio, tive a oportunidade de conviver com a querida e maravilhosa vovó Raquel e com meus primos. Alguns deles fazem parte do meu convívio até hoje.

O BALANÇO DAS HORAS

As armadilhas do Batista Mineiro

Depois dos dois meses de férias de final de ano na fazenda, meu pai avisou que não mais iríamos para o Taylor-Egídio, na Bahia, e sim para Belo Horizonte estudar no colégio interno Batista Mineiro. Raquel e Haidê iriam para o Sacré-Coeur de Jesus. E lá fomos nós: 750 quilômetros até a capital mineira, na época chamada de Cidade Jardim. Fiquei encantado com a beleza das avenidas largas, bem traçadas e arborizadas, com canteiros ajardinados. Ali, tudo era progresso. Nosso governador era o político mais moderno da época: Juscelino Kubitschek.

O diretor do colégio, seu Adamastor, baixinho, moreno, vivia limpando a garganta. A vice-diretora, dona Olinda, sua esposa, era branca, bem gorda, e andava arrastando os chinelos. Achei que ia me livrar do meu apelido, mas assim que cheguei ao pátio do colégio, um aluno apelidado de Baiano já sabia que eu ia chegar, tinha contado para todos que eu era o Chita, e também espalhou a minha fama de galo de briga, o que fez com que os mais fracos me colocassem como escudo quando provocavam os brigões veteranos do colégio.

Aí começou tudo de novo. Sempre tinha alguém querendo experimentar. Valeram a minha agilidade natural e as aulas de boxe no Taylor-Egídio: eu sempre achava o tempo certo para aplicar um gancho de direita bem no queixo do adversário. Por isso meu apelido mudou para "Chita, o coice de burro".

Fiquei de castigo várias vezes, por brigar tanto, e um dia dona Olinda me disse:

— Chita, você vai terminar sendo expulso do colégio, por causa de suas brigas. Só não foi ainda porque eu te defendi.

Ela gostava muito de mim. Expliquei que eu brigava porque tinha sempre alguém querendo me experimentar e eu não era de levar desaforo. Com o tempo, felizmente, fui ficando mais respeitado entre os colegas e as brigas eram mais raras.

O Colégio Batista era famoso pelo seu time Juvenil de futebol, que sempre vencia os campeonatos com outros colégios e fazia amistosos com times importantes, como o Atlético Mineiro e o Cruzeiro, de igual para igual. Os olheiros ficavam em cima: Aurino foi para o Sete de Setembro e, eu, para o infantil do Cruzeiro.

Ali também havia uma reserva de mata. Um dia ganhei um livro de sobrevivência na selva e, com alguns amigos, comecei a botar em prática alguns conhecimentos: armamos várias armadilhas, para surpreender alguns intrusos de fora do colégio que entravam ali pulando o muro. Uma das armadilhas ficou poderosa: foi preciso juntar as forças de oito colegas para curvar o eucalipto, fizemos o laço com uma corda de sisal e camuflamos com folhas. Poucos dias depois, por causa de uns alunos que entravam ali para fumar, fomos proibidos de entrar na mata. Mesmo assim, a gente burlava a proibição, até que um dedo--duro avisou para o seu Adamastor que nós estávamos lá.

Quando vi o seu Adamastor limpando a garganta e entrando na mata, fiquei torcendo para ele pegar a outra trilha, mas ele seguiu exatamente na direção das armadilhas. Fiquei ainda mais preocupado quando ele pegou a trilha daquela armadilha maior. Pensei em sair correndo para avisá-lo, mas não deu tempo. Ele meteu o pé bem no meio do laço, desarmou a armadilha e o eucalipto subiu, levando o seu Adamastor, laçado pelas pernas.

— Socorro, me tirem daqui! — gritava ele, balançando de cabeça para baixo, até ser socorrido pelos regentes.

Eu e meus colegas saltamos fora e disfarçamos, como se nada tivéssemos com aquilo. Imediatamente convocaram todos os alunos ao refeitório. Ninguém comeria nem sairia de lá enquanto o responsável não se acusasse. Eu não tinha alternativa:

— Quem fez a armadilha fui eu.

Fiquei de castigo e, como já estava no fim do ano, decidiram me convidar a sair do colégio.

Meu pai foi nos buscar, ficamos hospedados em um hotel, no Gontijo, e, enquanto ele se reunia com umas pessoas, comi pela primeira vez um sanduíche misto, cujo gosto nunca mais me saiu da memória. Quando eu dava uma mordida, a mozarela esticava uns cinquenta centímetros. Que delícia! Também foi lá que tomei pela primeira vez um milk-shake. De coco. E salada de fruta com sorvete. Tudo era novidade. Em um desses dias meu pai alugou uma chácara de jabuticabeiras supercarregadas, perto de Belo Horizonte. Eu e meus irmãos nunca tínhamos visto aqueles frutos de casca bem pretinha, cobrindo o tronco da árvore. Subimos nos pés carregados e chupamos jabuticaba até o cu fazer bico. "Jabuticaba chupa-se no pé", diz um poema do grande Carlos Drummond de Andrade, que também foi criança em Minas Gerais.

Volta às aulas

Minha mãe não sabia o que fazer comigo. Meu pai já tinha morrido e eu tinha sido "convidado a sair" (para não dizer "expulso") do Colégio Batista, por causa da história da armadilha que deixou o seu Adamastor pendurado de cabeça para baixo num eucalipto. Seria cômico se não fosse trágico. Ela sabia que era praticamente impossível me aceitarem de volta. Mas meu irmão tinha de ser matriculado e eu precisava dos papéis de transferência, então fomos lá. Nós estávamos acompanhados pelo seu Henrique, conhecido como Henrique da Mexicana, que tinha sido muito amigo de meu pai e se ofereceu para ser o nosso tutor. Dona Olinda nos recebeu, contou que ela e o seu Adamastor ficaram sabendo da morte de nosso pai e que sentiam muito.

— Este é o seu Henrique, que vai ficar responsável pelos meus filhos aqui em Belo Horizonte. Nós viemos fazer a matrícula do Aurino e a transferência do Eduardo.

Dona Odila explicou que fez de tudo para que eu continuasse estudando lá.

— Todo mundo sabe que o Chita não montaria aquela armadilha sozinho — disse ela. — Mas tanto eu como o Adamastor fomos voto vencido no conselho. Para que colégio ele vai?

Seu Henrique respondeu que havia conseguido vaga para o Dom Bosco. E lá fui eu, para outro colégio interno, onde não conhecia ninguém e não teria mais a companhia do meu irmão.

O padre diretor me recebeu sem muitas palavras:

— Seja bem-vindo, Eduardo. Pegue suas malas e procure o dormitório dos menores. O padre Pedro vai mostrar qual será a sua cama.

Caminhei pelos corredores do casarão colonial até encontrar os dormitórios, vi um padre de óculos e perguntei:

— Você é o padre Pedro?

Ele já me deu um empurrão e disse com rispidez:

— Eu sou o padre Pedro, mas dobre sua língua e não me chame de você! Você não está num colégio batista.

— Tá bem, senhor padre. O diretor pediu que o senhor mostrasse a minha cama...

— Quarta cama de lá para cá — respondeu secamente, com um olhar de desprezo. — Coloquei a mala sobre a cama e comecei a arrumar os meus pertences no armário. Então vi que estava faltando o meu roupão.

Tinha prometido a minha mãe que não brigaria com ninguém e fiquei repetindo mentalmente aquela promessa inúmeras vezes, depois de ser recebido daquela forma pelo padre. "Não vou brigar com ninguém, não vou brigar com ninguém, não vou brigar com ninguém..."

Naquele dia, nada de novo aconteceu. Cumprimentava os alunos que iam chegando e tudo o que fizemos foi jantar, rezar e dormir. Mas no dia seguinte acordaríamos com uma campainha estridente e com os gritos do padre Pedro:

— Vamos! Todos fora da cama! Vocês têm cinco minutos para o banho! Cinco minutos!

Peguei sabonete e, como não tinha roupão, fui de pijama. Até tirar o pijama e entrar no banho, demorei um pouco mais. O padre bateu na minha porta, depois de alguns segundos bateu de novo com mais força, fui ficando apavorado e, quanto mais tentava ser rápido, mais demorava.

Ao sair do banheiro, fui recebido com um empurrão e um pontapé.

— Está pensando que isso aqui é um colégio protestante?

Não vi mais nada. Cerrei os dentes e fui para cima do padre. Meti os dois pés no seu peito e ele rolou escada abaixo. Nisso, vieram para cima de mim dois alunos que ajudavam o padre nas rezas. Esquivei-me de dois golpes e acertei um gancho de direita no gordinho, que desmontou na hora. O outro puxa-saco do padre foi se afastando à medida que eu avançava pra cima dele, com as mãos preparadas para socá-lo. Antes que eu pudesse fazer isso, chegou o restante da turma e nos apartou.

Fui direto para a diretoria. Fiquei aguardando por um bom tempo, até que o diretor mandou que eu fosse pegar minhas coisas e viesse novamente à sala dele. Quando voltei, ele disse que eu me apresentasse a outro padre, em outro dormitório.

Dessa vez fiquei surpreso com a maneira carinhosa dos padres que encontrava pelo caminho, e ia perguntando a mim mesmo como deveria ser o novo inspetor.

Ao entrar no dormitório, vi um padre de quase dois metros de altura, tipo alemão, loiro, vermelhão, que foi logo dizendo:

— É você o valentão?

Achei melhor ficar calado.

— Pode botar suas coisas naquela cama. Este é o dormitório dos maiores. Aqui, qualquer um que você provocar vai te dar uma surra, e não vou interferir.

— Senhor padre, não vou provocar ninguém — respondi. — Mas também não vou ser saco de pancada de ninguém. Não posso ser penalizado só porque estudei num colégio batista.

— Aqui ninguém vai te discriminar por isso, fique tranquilo. Agora pode passar no refeitório, tome o seu café e vá direto para a sua aula.

Assim foi o meu segundo dia no Colégio Dom Bosco. Quando entrei na sala de aula, todos os alunos me olhavam com aquele ar de "é este o monstro que bateu no padre Pedro". Só que ninguém me perguntou por que eu tinha feito aquilo.

O maior problema é que, naquele lugar, nada fazia com que eu me concentrasse nos estudos. Eu tinha muita saudade da minha mãe e de meus irmãos. Chorava toda noite. Aquilo para mim não era um colégio e sim uma prisão. Ali eu era obrigado a tudo. O único amigo que me compreendia era o padre que tomava conta do dormitório dos maiores. Ele tinha uma motocicleta e até me ensinou a dirigir.

Pelo menos no futebol tive bons momentos, quando me destaquei como goleiro do time de menores. Durante o dia tudo ia bem, mas à noite eu morria de saudades da fazenda e fazia planos para fugir.

Um dia comentei meu plano com alguns colegas mais chegados e um deles falou que iria comigo.

— Domingo vai ter um jogo dos maiores com um time de fora. A gente entra para a chácara enquanto estiver todo mundo prestando atenção no jogo e ninguém vai notar a nossa fuga — combinei.

E assim fomos nós. Saímos pelo terreno da chácara, enchemos o bolso de caquis e ganhamos a estrada. Andamos na direção de Belo Horizonte, até quase Itabira, e, quando a fome apertava, comíamos caqui. Exatamente no momento em que atravessávamos um viaduto, ouvimos um barulho de motocicleta e não tivemos onde nos esconder. Era o padre alemão. Ele nos viu, parou a moto e disse:

— Vocês já passearam demais, vamos pra casa.

Então chegou o carro do colégio e nos levou de volta. Ficamos de castigo e chamaram o meu tutor, seu Henrique.

No dia seguinte, ele estava na sala do diretor, à minha espera.

— Não queria mais ficar neste colégio, seu Henrique — implorei. — Se continuar aqui vou fugir novamente. Quero voltar para o Batista Mineiro, por favor.

— Tá bom, Eduardo. No meio do ano, se não conseguirmos que te aceitem de volta no Batista Mineiro, eu prometo que vou matricular você em outro colégio de Belo Horizonte.

De volta ao Batista Mineiro

Meu tutor conversou no colégio Batista e dona Olinda foi a minha defensora, inclusive assumindo toda responsabilidade sobre mim.

Voltei para lá depois de umas férias curtas na fazenda, junto com o meu irmão Aurino, e fui recebido como um pop star. Os veteranos me abraçaram, dando boas-vindas, e os alunos novos estavam curiosos para conhecer o famoso Chita, que dependurou o diretor na sua armadilha.

Eu tinha virado folclore no colégio. Todos contavam histórias sobre mim e muitos acrescentavam detalhes inventados. De fato eu tinha brigado com dois alunos, mas já contavam que havia sido com dez, e assim por diante. Tudo isso acabou sendo bom para mim, pois o prestígio era grande, eu era respeitado e ninguém queria encrenca comigo.

No entanto, uma gangue liderada por um tal de Marufo, do externato, estava aterrorizando os alunos internos. Ele batia nos alunos menores, na hora do recreio, e a garotada começou a cobrar de mim que lhe desse uma surra.

Os que apanhavam do Marufo, ou eram ameaçados por ele, passaram a usar meu nome, jurando vingança.

— Seu covarde! Eu vou falar pro Chita e ele vai te dar uma surra, você vai ver!

Eu não podia brigar. Essa foi a condição para minha volta ao colégio. Mas também não podia perder a minha fama entre os colegas. O Marufo ficava me provocando no pátio e eu fingia ignorar. Até que um dia tive uma ideia.

Eu e meu amigo Constantino éramos como unha e carne, andávamos sempre juntos. Estudávamos na mesma sala, jogávamos no mesmo time e, na sala de aula, sentávamos ao lado um do outro, na última fileira, por sermos os mais altos da turma.

— Constantino, você sabe que eu não posso brigar no colégio. Se brigar, vou ser expulso. Mas não posso ficar nessa situação. Se não enfrentar o Marufo, meu cartaz vai por água abaixo, e não adianta eu pegar o cara lá fora, porque ele pode vir de turma, com pedra e tudo.

— Qual é o plano?

— O Marufo vive me desafiando e, com certeza, está ficando cada vez mais confiante. Quando ele vier me provocar novamente, vou encarar e dizer o seguinte: "Qual é a sua, seu bobão? Você não dá nem pro gasto. Vou lhe dar uma chance. Primeiro você enfrenta o meu amigo Constantino e, se ganhar, aí então vai poder me enfrentar." O que você achou, da ideia, Constantino?

— Gostei, vamos lá pegar o cara, hoje mesmo.

— Calma! Primeiro quero ver se você dá conta do recado.

— E como você vai saber?

— Hoje na hora do recreio, nós dois vamos ficar escondidos quando todos voltarem para as salas de aula, e vamos brigar para valer. Quero sentir o peso da sua mão.

— Mas você é meu amigo!

— Eu era. Agora sou o seu pior inimigo.

E foi o que aconteceu. Assim que a porta do prédio fechou, dei-lhe um direto e ele revidou. Foi soco para lá e soco para cá, sem ninguém para separar. Brigamos de igual para igual, até cairmos cansados. Depois lavamos o rosto e fomos para a sala. Perdemos uma aula, mas estudamos algo muito mais importante naquele momento. Os colegas olharam desconfiados e o Nilton Paiva perguntou:

— Vocês estavam brigando?

— Não! Estávamos brincando de boneca... — respondi com um sorriso cínico.

A turma toda riu.

Depois disso continuei treinando com o Constantino. Passei para ele alguns dos meus truques, principalmente o que eu chamava de "coice de burro", que é mais ou menos assim: você quebra o ritmo e pega o adversário sem o pé de apoio no chão. Entra na zona de ataque, encurta a distância e mete um upper de esquerda, na altura da cabeça ou nuca, de baixo para cima (no boxe, este golpe na nuca é proibido). Automaticamente, o indivíduo leigo abre a guarda. Em seguida aplico um gancho de direita, na ponta do queixo. Não tem brutamontes que não desmonte.

Constantino demorou um pouco a assimilar o golpe, principalmente o detalhe da quebra de ritmo, mas, quando ele pegou o jeito, ficou ótimo.

O dia chegou. Estávamos conversando no campinho de futebol da escola, quando o valentão foi chegando, rodeado de puxa-sacos.

— Esse lado do campo é meu! — disse ele com ar provocativo, sem fazer ideia do que eu havia preparado.

— É mesmo? E quem disse que é seu?

— Eu disse que é meu e quero te encher de porrada!

— Seu bobo, você não aguenta uma gata pelo rabo! Vou te dar uma chance. Você briga primeiro com o meu amigo Constantino. Se ganhar dele, aí eu brigo com você. Topa?

Ele topou.

A garotada fez um cerco e a briga começou. Soco para lá e para cá, daí eu gritei: "Agora!" Constantino trocou o ritmo, esquivou-se de um golpe e soltou o upper na nuca do cara. O Marufo gemeu e, já desequilibrado, levou um gancho que o Constantino encaixou bem na ponta do queixo, como havíamos treinado. Com esse golpe, Marufo desmontou e desmaiou.

Os inspetores correram e perguntaram:

— Foi o Chita?

— Não, não foi o Chita, foi o Constantino — responderam os alunos.

Levaram Marufo para a enfermaria e o Constantino para a diretoria.

— Aposto que tem o Chita por trás disso — disse o diretor.

— Não, seu Adamastor, este cara está provocando o Chita há tempos e hoje resolvi dar uma lição nele — respondeu Constantino.

Seu Adamastor limpou a garganta, pensou um pouco e disse ao meu amigo:

— Tá bom, pode ir. Mas, se você brigar outra vez, vai ficar dois sábados sem sair.

Com isso, o Marufo ficou desmoralizado, sem que eu precisasse brigar.

Aula de canto orfeônico

Sentada no piano, a nossa professora de canto, dona Ofélia, passava uma canção para a classe. De repente, ela parou de tocar e disse:

— Tem alguém muito desafinado aqui. Seu Eduardo, deve ser o senhor...

— Eu, professora? Eu garanto que não sou desafinado.

Eu sabia quem era, mas fiquei calado.

— Então, vamos outra vez — a professora prosseguiu. — Chega. Seu Eduardo, é o senhor, eu ouvi muito bem.

— Professora, não sou.

— Não é você? Então venha aqui na frente e cante um solo.

Eu tremia como vara verde, mas fui. Dona Ofélia tocou a introdução e eu entrei cantando. Ficaram todos de queixo caído, inclusive a professora. Quando terminei, a sala inteira me aplaudia. Fiquei muito contente.

— Professora, por que a senhora não faz um teste com o Constantino? — brinquei.

— Seu Constantino, venha aqui na frente.

Ele foi. A professora dava um tom, ele entrava em outro, completamente fora, e a sala inteira ria.

Graças à música, aos poucos a minha fama de brigão foi se transformando em uma reputação bem mais positiva: a de bom cantor. Era muito melhor, principalmente porque dava prestígio entre as garotas do colégio. Desse momento em diante, voltei a me interessar pela música. Foi nessa época que assisti pela primeira vez a um filme que era a onda da moçada: *Ao balanço das horas*. Esse filme promoveu meu encontro com o rock'n'roll. Ficou em cartaz por vários meses e, sempre que eu saía do colégio, ia ao cinema ver de novo.

Eu queria assimilar tudo daquela dança e daquele estilo musical. Consegui a letra de "Rock Around the clock", comprei o disco do Bill Haley e o levava para todo lado.

> *One, two, three o'clock, four o'clock, rock,*
> *Five, six, seven o'clock, eight o'clock, rock,*
> *Nine, ten, eleven o'clock, twelve o'clock, rock*
> *We're gonna rock around the clock tonight...*

Quando descobria alguém que tinha uma eletrola, ficava amigo logo do cara. Os pastores do Colégio Batista me queriam cantando hino, e eu cantava, mas o meu coração estava irremediavelmente entregue ao rock'n'roll. Eu tinha aula de acordeão no colégio, mas não quis mais. Decidi aprender a tocar guitarra, urgentemente. Porém, em toda Belo Horizonte não existia uma guitarra, nem professor.

Juventude transviada

Minha mãe deu uma lambreta de presente para o Aurino, que não me deixava dar nem sequer uma voltinha. Mas às vezes, quando ele queria fazer um "H" e impressionar alguma menina, eu ia de carona na garupa da lambreta de algum colega dele, levando o violão.

Eu vivia implorando à minha mãe por uma Monareta. Queria muito uma lambreta como a do meu amigo Nilo. Além dele, outro amigo, o Miltinho, já estava pilotando uma Gulivette. Quando vinham descendo a avenida Bias Fortes e passavam em frente a minha casa, eu ficava me imaginando junto com eles. Desejava, desejava e desejava. O Natal estava chegando, e eu pedia ao Papai Noel — na verdade Mamãe Noel —, mas achava que não ia ganhar, pois, se fosse, ela me levaria para escolher. Fui dormir triste. No outro dia, acordei procurando meu presente pelo quarto e achei que tinham se esquecido de mim. Não havia nada para mim ali, então saí para a sala e ali estava, reluzente, diante de meus olhos eufóricos, uma linda Monareta verde metálico, toda equipada.

A cara da minha mãe era de pura felicidade, por me ver tão feliz. Eu enlouqueci e corri para a rua, levando meu objeto de desejo, para dar um giro por todo o bairro. Só então percebi que estava vestido só de cueca, com o pirulito para fora.

Minha alegria não durou muito.

Meu amigo Nilo morava num sobrado e, por isso, tinha que carregar sua Monareta escada acima todos os dias. Agora que eu também tinha a minha, ele acabou me pedindo para guardar a dele em nossa casa. Um dia, o Miltinho pediu que eu o acompanhasse até a praça Raul Soares e, como a minha Monareta estava num lugar mais difícil, peguei a do Nilo, que tinha ficado bem na frente de casa. Saímos pela avenida, eu na esquerda e o Miltinho na direita, emparelhados. Distraído, não registrei um caminhão que estava parado do lado em que eu estava. Quando virei para falar com o Miltinho, entrei com tudo na carroceria do caminhão. Foi a segunda vez que vi estrelas. Ainda bem que recobrei logo a consciência, mas só pensava numa coisa: na Monareta com o garfo e o guidom tortos. Como contaria aquilo para o Nilo?

No outro dia liguei para ele e perguntei:

— Quer trocar sua Monareta pela minha?

— Mas a minha é velha e a sua é novinha, você quer mesmo trocar? E eu não tenho que voltar nada?

— Claro que não. Topa? Vamos trocar?

— Então está feito — disse ele.

Só depois ele foi saber o que tinha acontecido.

O filme *Juventude transviada*, com James Dean, foi recorde de bilheteria na época e influenciou minha geração, desde os costumes ao modo de vestir. Foi daí que surgiram no Brasil as primeiras calças jeans da marca Lee, e os blusões que ficaram conhecidos pelo nome do ator. Havia muito preconceito dos conservadores, que não aceitavam nossa maneira de ser.

Transviar-se é desviar-se do bom caminho e dos padrões morais, e a nossa turminha não se comportava como o personagem interpretado por James Dean, mas até que gostávamos da expressão: éramos a juventude transviada. As meninas que tinham coragem de andar na nossa garupa tornavam-se malvistas e eram chamadas de "giradoras". Eu era mais novo que elas, mas brigavam para vir comigo. Comecei a sentir que estava agradando, sem saber que algumas delas estavam disputando para ver quem ia "desvirginar o menino". Montavam na garupa da minha lambreta, se agarravam em mim, roçavam os seios nas minhas costas e eu ficava completamente louco: um dia, com a lambreta em movimento, gozei e quase caímos. Depois disso, caí... na gandaia. Mas também namorava a sério, no portão da menina, de mãos dadas, no máximo um beijo de vez em quando.

Eu ainda não tocava violão muito bem e sentia falta de me acompanhar cantando. Aí consegui ter aulas com um senhor de nome Bento, que tocava no regional da Rádio Guarani. Ele me ensinou os primeiros acordes e, com o tempo, fui adaptando para o rock o que aprendia com ele. Carregava sempre o violão nas costas e, por onde passava de lambreta, chamava atenção. À noite, ia para o bar Savassi encontrar a turma, que era liderada pelo nosso professor de desenho. Ele era uma espécie de bombeiro: quando os ânimos entravam em conflito, harmonizava o ambiente e deixava todo mundo calmo.

A gente parava na praça Raul Soares, ou na própria Savassi, eu pegava o violão, cantava meus rocks e a turma dançava em volta. No início éramos poucos, mas a galera foi crescendo e chegamos a mais de cinquenta lambretistas. Meu irmão era um craque no futebol e, por causa da sua lambreta toda equipada, ganhou o apelido de Lambreta. Tinha lambreta de todo jeito: com saia, standard, equipada ou superequipada, de todas as cores. Só quem já participou de uma caravana de lambreta pela cidade pode fazer ideia da emoção que a gente sentia, cada um mais orgulhoso de fazer parte daquele grupo. A porta do Colégio Afonso Celso ficava toda colorida de lambretas estacionadas durante o período de aulas.

Tenho saudades deste momento da minha vida, que retratei com o "Rock da lambreta":

> *Que saudades da minha lambreta*
> *Da minha juventude careta*
> *Do meu rock envenenado*
> *Onde eu curtia meu som*
> *Com Coca-Cola ou chicletes de bola*
> *Eu era mesmo o bom*
>
> *Naquele tempo não existia motel*
> *Fazia amor olhando pro céu*
> *E de repente aparecia a polícia*
> *A turma toda se espalhava na pista*
> *Tirando racha e pisando bem fundo*
> *Pra escapar num segundo*

A minha turma era de morte
Não tinha tempo forte
Fazia o que queria
Pois a morte não temia
Dançava muito rock
Em quase toda esquina
Na garupa da lambreta
Havia sempre uma nova mina.

Caminhos do rock

Eu e Aurino deixamos de ser internos no Colégio Batista desde que minha mãe alugou uma casa em Belo Horizonte, no Barro Preto. Algum tempo depois, ela nos transferiu para o Colégio Afonso Celso. Então comprou uma casa no bairro Nova Suíça, onde um vizinho conhecido por Dodô Cabrera começou a ensinar umas garotas a dançar rock e eu, como seu amigo, passei a fazer parte da turma. A gente dançava nas esquinas, na porta de casa e nas "horas dançantes" — assim chamavam-se os encontros que organizávamos para dançar, cada dia na casa de alguém do grupo de amigos.

Nossa fama cresceu no meio da turma porque eu e o Dodô éramos o que havia de mais sofisticado naquela época: a maneira extravagante de nos vestir, o modo de pentear os cabelos, e até as lambretas e Monaretas, tudo isso fazia inveja em muita gente. O Dodô Cabrera me falava numa gangue de nome Turma da Mato Grosso, comandada por um tal Pedrão. A rua Mato

Grosso saía bifurcando com a Bias Fortes e era o caminho mais fácil para chegar ao campo do Cruzeiro.

Três vezes por semana, eu acordava às cinco da manhã e seguia de moto até o Cruzeiro e nadava mil metros. Voltava em casa, tomava café e ia para o colégio. Voltava do colégio, almoçava, fazia a lição de casa e ia de novo para o Cruzeiro. Um dia por semana, tinha treino de futebol. Destacava-me como goleiro no infantojuvenil do colégio e também do Cruzeiro. E ainda treinava basquete, dois dias por semana. Eu gostava do basquete porque o preparo físico com o Fernando Grosso era muito bom. Voltava para casa e, depois de jantar, era só rock'n'roll.

Mas infelizmente a fama de brigão ainda me trazia problemas. Um rapaz de nome Miro começou a falar que a turma dele estava a fim de me pegar, porque eu era muito metido. Ameaçavam me cercar e me encher de porrada se eu continuasse passando pela rua Mato Grosso. O Dodô me contou isso quando estávamos na avenida Bias Fortes, bem em frente à Mato Grosso, e nesse exato momento o Miro desceu de um ônibus.

— Falando no cara, olha ele aí... — disse Dodô, com uma expressão de medo.

O tal do Miro estava realmente vindo em minha direção. Então eu me adiantei e fui falar com ele.

— Oi, você que é o Miro?

Ele me olhou e respondeu:

— Sim, sou eu.

— Pois é, Miro! Estou sabendo que vocês estão querendo me pegar. Antes que esse engano possa acontecer, eu quero avisar que não tenho turma. Então, faça uma coisa: você escolhe o bom de briga de vocês para vir brigar comigo. Certo?

Miro pensou um pouco e se afastou, dizendo:

— Você me espera aí?

Com medo, o Dodô me chamou para irmos embora, pois o Miro certamente convocaria o Pedrão, que era uma fortaleza.

— Se você quiser, pode ir — respondi. — Eu vou esperar aqui.

Depois de cinco minutos, como numa avalanche, chegaram o Pedrão, o Miro e uma gangue com mais de dez pessoas. Pedrão era um mecânico, mulato, muito forte, mas eu notei que ele estava muito ansioso, era o tipo predileto para o coice de burro.

— Então, Miro, o negócio é entre mim e o Pedrão, combinado?

Pedrão não esperou um segundo: veio com tudo para cima de mim. Esquivei-me de um golpe de direita e de um de esquerda, balancei o corpo fingindo que ia para trás e me adiantei. Achei o ponto certo e entrei com um direto que explodiu no meio do nariz dele. Todo melado, ele caiu, mas se levantou em seguida. A turma dele o incentivava a bater mais em mim. Era forte, mas não tinha noção nenhuma de luta. Esquivei-me novamente de uma saraivada de golpes, e quando troquei o ritmo soltei um upper de esquerda, bem na orelha dele, antes de entrar com o gancho no queixo. Ele balançou, mas não caiu. Joguei o corpo para trás, buscando distância, e soltei outro gancho bem na ponta do queixo. Daí ele dormiu.

Só que eu não devia ter acreditado que aquela gangue cumpriria o trato. Vieram todos para cima de mim. O único jeito foi correr e entrar em casa. Dodô correu junto, enquanto pedras e pedaços de pau passavam por cima de nossas cabeças. Lembro-me do meu irmão Paulinho, o caçula, gritando: "Não corre não, Duardo! Vamos quebrar essa turma!"

Com o tempo, Miro tornou-se um dos nossos melhores amigos.

Eu continuei sendo muito conhecido pelo apelido de Chita e pela fama de lutador, que me incomodava muito. Já estava pensando no futuro, era um bom goleiro, mas a música soava mais alto dentro de mim. Um dia, estávamos fazendo condicionamento físico quando me senti tonto. O médico do Cruzeiro pediu que eu fizesse alguns exames e constatou-se que eu estava com esquistossomose. Fui internado num hospital para o tratamento e lá conheci o radialista Helvécio Guimarães, que também estava fazendo um tratamento.

Cantei uns rocks, ele gostou muito e me convidou para participar do programa que iria apresentar na TV Itacolomi. Duas semanas depois, recuperado e de volta ao colégio, eu havia quebrado o pau na hora do recreio com um aluno, mas felizmente a turma nos separou antes que eu aplicasse meu infalível coice de burro. Quando já estávamos de volta à sala de aula, por coincidência entrou uma pessoa que foi falar alguma coisa com o professor.

— Eduardo Araújo, estão chamando o senhor na diretoria — anunciou o professor em seguida.

Tomei um susto. "Será que vou ser expulso por causa da briga?" Fui andando até a sala do diretor bem de mansinho, meio desconfiado. Ele não estava sozinho em seu gabinete.

— Entre, rapaz — disse o diretor, todo sorridente. — Eduardo, estes senhores são da TV Itacolomi. Vieram convidá-lo a participar do programa da Rosana Tapajós, o programa de maior audiência da TV.

Perguntei se era verdade e eles disseram que sim.

— Não é você o melhor dançarino de rock de Minas Gerais? — perguntaram.

— É, ganhei um concurso promovido no show de Bill Haley aqui em Belo Horizonte — confirmei.

Então, com as bênçãos do diretor da escola, peguei minhas coisas na sala de aula e acompanhei aqueles senhores até o estúdio de TV, onde os dançarinos estavam ensaiando animadamente os passos do rock.

Tudo era ao mesmo tempo estranho e sensacional. A briga com um colega, o chamado para a sala da diretoria, o susto, a emoção do convite, e ali estava eu, no estúdio do programa de maior audiência da TV mineira. De repente, eu estava diante do diretor do programa e também da TV Itacolomi, Fred Chateaubriand. Ele me cumprimentou e explicou o que eu ia fazer. O nome do programa era *Música ao Redor do Mundo*.

Quando ele estava falando, fomos interrompidos por uma mulher lindíssima. Seu nome: Rosana Tapajós, cantora e apresentadora do programa. Fred me apresentou e continuou explicando: a cada semana o programa homenageava um país, com a sua música de tradição, e que a homenagem daquela semana seria aos Estados Unidos.

— A Rosana vai cantar "Rock Around the Clock", com uma grande orquestra — contou-me ele. — Você vai ficar sentado neste bar enquanto ela canta, então ela convida você pra dançar, durante o solo da orquestra. Depois, você volta novamente para o seu lugar.

Comecei a ensaiar a coreografia com a Rosana e não deixava de pensar: "Isso está mesmo acontecendo comigo?" Parecia um sonho.

O que eu não imaginava é que o sonho ficaria ainda melhor. Quando passamos a música com a orquestra, a Rosana não conseguia decorar a segunda parte da letra. Foi então que o Fred viu que eu conhecia a letra, porque ficava cantando para ela, e teve uma ideia iluminada.

— Rosana, você se importaria se o Eduardo cantasse essa parte da música?

Ela achou ótimo! Cantei e foi um sucesso, até a orquestra aplaudiu.

No outro dia, foi ensaio o dia inteiro. Nem fui às aulas. A música estava me puxando mesmo para aquele mundo. O programa seria naquela noite, todo ao vivo, pois ainda não existia gravação em videoteipe. E saiu tudo perfeito.

No outro dia, quando entrei no colégio, parecia que estava chegando um pop star internacional, com sua lambreta. Todos me cumprimentando, alunos, professores, funcionários e diretor. Eu me senti tão bem que dizia sempre: "É isso que eu quero para mim."

Andava na rua e as garotas me apontavam: "Olha lá o garoto do rock, o Eduardo Araújo."

Eu ficava pensando: assim como goleiro, só os homens me conheciam e ainda por cima me chamavam de Chita. E foi assim que acabei desistindo do futebol e decidi me dedicar totalmente à música.

Pouco tempo depois, o Helvécio Guimarães estreou o seu programa na TV Itacolomi. Era uma espécie de concurso. Havia a apresentação de três cantores, depois o telespectador votava e o resultado era apresentado na semana seguinte. Cantei um rock pauleira, que foi um sucesso com as meninas, mas não ganhei o concurso. Isso não impediu que meu nome continuasse crescendo cada vez mais entre a juventude mineira.

Aldair Pinto, grande comunicador da Rádio Inconfidência, tinha em Minas Gerais um sucesso comparável ao de César de Alencar, da Rádio Nacional do Rio de Janeiro: *Só para mulheres* era o programa de auditório de maior sucesso do rádio mineiro. Quando ele me convidou para participar, senti que realmente eu tinha uma carreira a seguir. Minhas apresentações duravam meia hora e deixavam o auditório enlouquecido. O melhor de tudo é que o Aldair Pinto passou a me apresentar como "o rei do rock de Minas Gerais" — título que me abriria as portas da Rádio Mayrink Veiga, no Rio. Passei a fazer parte da caravana do Aldair e foi nessa ocasião que ganhei o meu primeiro cachê.

8. CASAMENTO DE ARROMBA

Ao saber que seria apresentador de um programa de televisão, logo pensei nela para ser minha companheira em cena. Com o meu contrato assinado e o horário do programa definido, falei para o Alberto Saad:

— O que o senhor acha de uma menina para apresentar o programa comigo?

— Acho muito bom. Até já tenho a menina contratada.

Fiquei assustado. Pensei em argumentar que seria bom que eu mesmo escolhesse a pessoa, já que iria apresentar o programa e era importante que tivéssemos uma boa sintonia, mas, enquanto eu procurava as palavras, ele prosseguiu com jeito decidido:

— Quero lhe apresentar uma que conheci em Minas Gerais, excelente cantora, muito bonita, simpática, uma loirinha que vai deixar as outras meninas todas para trás.

— Mas a cantora que eu gostaria de sugerir também é muito bonita, canta bem, uma gracinha, é mineira e, além disso, toca guitarra.

— Isso não é vantagem. A menina que contratei também toca guitarra. Mas você falou que ela é de Minas Gerais? Por acaso o nome dela é Silvinha?

— É isso mesmo: Silvinha.

Ele mandou apanhar uma foto dela e só então percebemos que se tratava da mesma Silvinha. Vibrei de alegria. Era o nosso destino se manifestando.

Poucos dias depois, eu estava a caminho da TV Excelsior com a Débora e, pouco antes da portaria, nos separamos, pois não aparecíamos juntos em público para evitar comentários maliciosos na mídia. Os artistas escondiam relacionamentos amorosos — muito mais do que fazem hoje — para que a vida pessoal não fosse explorada de modo sensacionalista pelas revistas especializadas e jornais.

Entrei na frente, a Débora viria depois. No saguão da TV, dei de cara com a Silvinha. Parecia cena de filme. Corri para ela e ela também veio correndo em minha direção. Encontramo-nos num abraço que não deveria ter fim. Sentimos nossos corações pulsando no mesmo compasso e nunca mais nos separamos.

Inovações do programa *O Bom*

Meu diferencial na época era a maneira pessoal de cantar. Eu era o mais roqueiro de todos da turma. Os arranjos das músicas que eu interpretava também não seguiam o padrão. A base era uma banda jovem, The Fevers, e os arranjos eram do maestro Peruzzi. Ele os produzia como para uma big band, com metais, cordas e um vocal feminino. Eram quatro saxofones, quatro trombones, quatro pistons, um piano, dois cellos, quatro violas e seis violinos. Esses arranjos eram idealizados por mim e escritos pelo maestro

CASAMENTO DE ARROMBA

Peruzzi, que reunia músicos experientes com jovens que estavam começando, conseguindo o molho que eu queria. Depois que eu estabeleci essa forma de trabalhar, todos queriam gravar com o maestro Peruzzi e as bandas passaram a usar metais.

Este era também o diferencial do programa *O Bom* que estreou com uma banda do Rio Grande do Sul chamada Os Brasas como a base jovem.

Convidamos o Carlos Imperial para fazer a abertura do programa de estreia e a emoção foi grande quando ele anunciou: "Com vocês, o programa *O Bom*, comandado por Eduardo Araújo."

A cortina foi se abrindo, com aquela banda tocando a canção que dava título ao programa. Foi de arrepiar. O estilo era inovador, gostávamos do que era moderno. Aquele programa de estreia recebeu os cantores e bandas mais underground, como Os Mutantes, The Beatniks, De Kalafe e a Turma, Os Diferentes, Deny & Dino, Sérgio Reis, Vanusa, Os Incríveis, Os Minos (banda de crianças da Bahia, do Pepeu Gomes, que foi lançada por nós), Tim Maia e Os Diagonais.

O programa daquela tarde ainda receberia um convidado muito especial, Cauby Peixoto. *O Bom* ficou no ar durante dois anos, sempre líder de audiência. Nosso patrocinador principal era o Moinho Santista.

Como era aos sábados, os cantores e bandas sempre se apresentavam primeiro em nosso programa e, só no dia seguinte, domingo, estavam no *Jovem Guarda*.

Nosso sucesso começou a incomodar a emissora concorrente, e o Paulo Machado de Carvalho resolveu reagir. A emissora que ele comandava, a Record, produzia vários musicais e era um lugar interessante para os cantores se promoverem. Como a Record não queria perder qualquer ponto de audiência e o nosso programa ganhava deles, mesmo não sendo no mesmo dia, Paulo baixou uma determinação na Record, dizendo que os cantores ou bandas que se apresentassem em *O Bom* não mais seriam convidados para os musicais da sua emissora.

A partir daí, começamos a ter dificuldades de conseguir artistas para se apresentarem no nosso programa. A Excelsior produzia mais telenovelas. O número de espetáculos musicais não era muito expressivo. Então, nossa produção ligava para os artistas e todos davam alguma desculpa.

Alberto Saad convocou uma reunião e nos comunicou sobre o boicote da concorrência. Nós estávamos sentindo na pele. Houve um dia em que o programa ficou limitado a um especial de Eduardo Araújo e Silvinha, que não ficou mal, porém não podíamos ficar sem outras atrações. Na reunião, eu disse que só havia uma saída: contratar com exclusividade os cantores que nos interessavam e lançar novos talentos. Seria outra atitude inovadora. Nenhuma emissora tinha cantores contratados dessa maneira.

Alberto Saad aprovou a ideia e a Excelsior começou a contratar nomes como Sérgio Reis, Deny & Dino, Vanusa, Os Minos, Os Diferentes, Os Brasas, Tim Maia e Os Clins. Essa medida repercutiu tão bem entre os músicos, que a própria Record, com medo de perder artistas para a Excelsior, pediu ao empresário Marcos Lázaro que contratasse todos os cantores e bandas ligados à jovem guarda: Renato e seus Blue Caps, Golden Boys, The Jordans, Os Vips e vários outros.

Feitiço de broto

Mais uma feliz coincidência: Silvinha assinou contrato com a Odeon, que era também a minha gravadora, onde gravou seu primeiro disco, produzida pelo Carlos Imperial e acompanhada pela banda de maior sucesso na época: Os Incríveis. Foi emocionante vê-la gravando "Feitiço de broto" e o seu primeiro sucesso, "Vou botar pra quebrar", de autoria do Imperial.

O disco logo alcançou as paradas de sucesso de todo o Brasil. Ela era diferente de todas as cantoras, era realmente uma novidade. Voz potente e muito afinada, fácil de reconhecer. Além de tudo, tinha uma presença que encantava a todos. Sorriso envolvente, rostinho lindo, se quisesse poderia seguir carreira de modelo. Outro fator importante era o seu magnetismo eletrizante no rock pauleira e o sentimento que passava ao cantar as canções mais românticas.

Eu me sentia imensamente feliz: era o primeiro lugar nas paradas de sucesso e estava namorando a garota dos meus sonhos. Juntos, apresentávamos um programa que estava entre os de maior audiência da TV Excelsior. Tudo perfeito. Parecia um sonho. Até o momento em que a mãe da Silvinha resolveu ficar contra o nosso namoro. No início não proibia a gente de se ver, mas fez de tudo para afastá-la de mim e, com esse objetivo, conseguiu um contrato com a Rhodia para que ela viajasse por todo o Brasil. Acreditava que sua filha, estando longe, poderia me esquecer.

Silvinha teve que se licenciar da TV Excelsior para fazer a excursão da Rhodia e fiquei apresentando o programa sozinho.

Morria de saudade dela e, sempre que podia, viajava para encontrá-la nas cidades onde estavam acontecendo os shows da excursão da Rhodia. O famoso dançarino e cantor Lennie Dale, que era coreógrafo dos shows, apelidou a Silvinha de Dudulina, porque ela falava em mim o tempo todo: era Dudu pra cá, Dudu pra lá...

Uma vez o show foi no Rio de Janeiro, no Copacabana Palace. Nessa época eu tinha um Mustang conversível, amarelo com capota preta. De São Paulo ao Rio, parei num restaurante da estrada e comprei um enorme urso de pelúcia. Coloquei-o sentado no Mustang e fui encontrar minha querida Silvinha. Ela já me esperava com aquele sorriso que me deixava comovido, nos abraçamos e ficamos girando nesse abraço por uns cinco minutos. Eu sentia cada vez mais que havíamos nascido um para o outro, pois a distância nos unia mais ainda. Passeamos pelo Rio de Janeiro, fomos ao Cristo Redentor, namoramos e nos esquecemos da hora de voltar. Chegamos atrasados e o show já tinha começado, estava quase na hora de Silvinha entrar.

Dona Elza ficou furiosa e conseguiu colocar também o pai da Silvinha contra mim. Ela foi proibida de me ver e até mesmo de falar comigo por telefone. Eu ligava insistentemente, pedindo que a chamassem, e um dia a dona Elza me destratou. Fiquei fora de mim e falei coisas que, em sã consciência, não falaria. Por isso resolvi ir a até o apartamento dela para pedir desculpas, conversar melhor e tentar resolver aquela situação insuportável.

Quem abriu a porta foi a própria dona Elza.

— Por favor, me deixe entrar — implorei. — Eu vim aqui para conversar com a senhora e com o seu José.

Ela ficou sem saber o que fazer, mas permitiu que eu entrasse. A Silvinha veio correndo para a sala, me recebeu com um abraço emocionado e nos beijamos. Comecei me desculpando com dona Elza, por ter sido grosso com ela por telefone, mas nesse momento chegou o pai, que era militar e foi logo dizendo em tom autoritário:

— Exijo que o senhor acabe com este namoro com a minha filha. Acabem com essa história agora mesmo. Chega!

— Por que o senhor está me pedindo isso? — tentei argumentar. — Eu amo sua filha e a respeito muito, não vejo por que temos que acabar nosso namoro.

Ele ficou nervoso e veio para cima de mim, com os punhos cerrados.

— Não vai terminar não? Não vai terminar não? — esbravejava.

Respirei fundo e olhei bem dentro dos olhos dele.

— Seu José, o senhor é o pai dela e pode fazer o que quiser, mas não pode mandar em nossos corações. Mesmo que o senhor me mate, eu não termino com a Silvinha. Pretendemos nos casar, tenho condições para isso, e essa pressão toda só vai fazer a gente se casar mais rápido.

Ele me ouviu, olhou para a filha, tentou se acalmar e respondeu:

— Vou conversar com minha esposa e com minha filha. Por favor, vá embora e aguarde minha decisão.

Silvinha me acompanhou até o elevador, pedindo que eu não desistisse:

— Eles já tentaram comigo de todo jeito e não conseguiram que eu desista. Sei que você também não vai desistir. Agora estão tentando deixar você nervoso, ferido no seu orgulho...

— Meu amor, fique tranquila. Não vou desistir de você por nada neste mundo.

Voltei para casa muito aborrecido, sem entender o porquê daquilo tudo. Passaram-se uns dias e recebi uma carta, datilografada e assinada por ele. Era uma espécie de acordo formal, quase uma carta-contrato. Primeiro ele dizia que Silvinha era muito jovem e, eu, um playboy que passava uma imagem agressiva. A seguir, determinava que eu ficasse por seis meses longe da Silvinha, sem vê-la e sem falar com ela. Pelo tom, ele esperava que, após esse período, desistíssemos do namoro.

Silvinha estava proibida de se encontrar comigo, mas isso não aconteceu, porque não conseguíamos ficar sem nos ver. Certo dia, fui convidado a fazer uma participação em um dos programas da TV Excelsior, e pedi ao Tuca, que era o meu secretário, que fosse buscar a Silvinha e a deixasse em algum lugar discreto onde ninguém pudesse nos ver.

— Onde você deixou a Silvinha? — fui logo perguntando quando ele chegou para me buscar, na saída do programa.

— Adivinha.

— Pare de brincar, Tuca, onde está a Silvinha?

Ele estacionou, me disse para sair do carro e abrir o porta-malas, e lá estava ela, morrendo de rir.

Nosso namoro estava cada vez mais firme, apesar da proibição, e sempre dávamos um jeito de ficar juntos, escondidos. Muitos amigos nos ajudavam. A gente se encontrava na casa de duas amigas, Lea e Mariza, que moravam na Vila Mariana, e a família delas nos ajudava. Às vezes eu estava lá e dona Elza chegava

CASAMENTO DE ARROMBA

de surpresa, para ver se a Silvinha estava se encontrando comigo. Alguém me avisava e rapidamente eu me escondia no quarto.

Mesmo com esses encontros secretos, aqueles seis meses custaram muito a passar e eu não via a hora de abraçar a minha amada livremente. Mandei fazer no meu Mustang uma buzina com a música "O bom", passava buzinando em frente a sua casa. Ela saía na janela e me acenava de longe. Às vezes, mandava cartas de amor que a empregada levava até o carro. Durante esse período, compus uma música chamada "Por que devo dizer adeus", gravei em um disco e, nos shows, passei a cantá-la com algemas de prata nos pulsos.

Por que devo dizer adeus
Afogar todos os sonhos meus
Quando é só estender as mãos?

Eu tinha um amigo em Santo Amaro nessa época que me ajudava investindo o dinheiro que eu ganhava, para que eu não gastasse tudo. Nós morávamos perto um do outro, eu tinha alugado um apartamento naquela região. Testemunhando o meu sofrimento, um dia ele me aconselhou a fugir com a Silvinha. Ele daria cobertura. Pensei muito e conversei sobre isso com ela, em um de nossos encontros secretos. Como faltava pouco para terminar o prazo combinado com o pai dela, concordamos que iríamos esperar para ver se os pais dela iam cumprir a parte deles no acordo; caso isso não acontecesse, então nós fugiríamos.

Eu já tinha comprado uma casa em construção no Morumbi e investia no acabamento da obra quase todo o dinheiro que ganhava. Procurei um dos melhores joalheiros e mandei fazer um anel de brilhantes, uma joia linda e rara, como ela.

O dia chegou. Muito bem-vestido, apertei a campainha da casa da Silvinha.

Quando dona Elza abriu a porta e me viu, tomou um susto.

— Felizmente para mim e infelizmente para a senhora, hoje é o grande dia. A senhora não vai me convidar para entrar? Aqui está a carta-contrato que o senhor José me mandou; pode ver, se quiser. Já se completaram os seis meses.

Não me convidou para entrar, mas eu fui entrando assim mesmo.

— Tudo bem — disse ela —, mas precisamos ver se a Silvinha ainda quer continuar este namoro.

— Eu quero sim! — disse a Silvinha com voz decidida, vindo depressa para a sala.

Dona Elza não sossegou:

— Mas precisamos ver o que o José tem a dizer.

Esperamos um pouco e ele apareceu. Olhou para mim, depois olhou longamente para a filha.

— Vocês conhecem a minha opinião — falou —, mas não sou homem de duas palavras. Se quiserem mesmo se casar, podem marcar a data.

Feliz e emocionado, dei o anel a Silvinha, dizendo que queria me casar com ela no dia do meu aniversário.

O casamento do ano

Não poderia haver melhor presente de aniversário, depois de todo o sofrimento que passamos.

CASAMENTO DE ARROMBA

Fomos convidar para ser nosso padrinho um grande amigo, o famoso astrólogo Omar Cardoso, líder de audiência no rádio e na televisão.

— Vai ser um enorme prazer — disse ele —, e o meu presente é ajudar vocês a organizarem toda a festa.

Expliquei a ele que estávamos pensando em fazer uma cerimônia simples em uma igreja, com uma festa para alguns familiares e convidados mais íntimos.

Com a ajuda do Omar fizemos todos os arranjos e o padre Olavo, da igreja da Consolação, onde nos casaríamos, nos pediu que não divulgássemos na mídia a data e o local da cerimônia. Em todas as entrevistas dessa época, falávamos da carreira, do noivado, e dizíamos que ainda não tínhamos marcado a data do casamento. Só que, faltando uns dias para a cerimônia, fomos ao programa da Hebe e falamos do casamento. Ótima entrevistadora, ela começou a nos apertar e acabei contando que seria no meu aniversário, 23 de julho, mas que não poderíamos divulgar a igreja, atendendo a um pedido do padre.

A Hebe insistiu:

— Silvinha, então fale aqui no meu ouvido, só para que eu fique sabendo, e não vou contar para ninguém.

Depois que Silvinha segredou em seu ouvido, ela virou-se para a plateia e disse:

— Gente, é segredo. Não contem para ninguém, mas o casamento será na igreja da Consolação.

A plateia aplaudiu e mais nada podíamos fazer, a não ser levar na brincadeira. Quanto mais a data se aproximava, mais aumentava o nervosismo. Emagreci uns cinco quilos. Hoje existem várias empresas especializadas em organizar casamentos, mas naquela época não era assim. Ainda bem que tínhamos a produção do programa do Omar para nos ajudar. Um conterrâneo meu, o Altamir Pinheiro (Tami), que morava comigo, era um alfaiate de mão cheia. Toda semana ele fazia uma roupa nova para o nosso programa de televisão. Juntos escolhemos, e ele fez, um modelo branco de terno que vimos numa revista francesa. Aqui no Brasil, que eu saiba, foi a primeira vez que um homem casou-se vestido de branco.

Quando chegou o dia, Roberto Carlos nos mandou seu Cadillac presidencial para levar Silvinha à igreja. Da Brigadeiro Luiz Antônio até a rua da Consolação, muita gente saudava, nos dois lados da calçada, a passagem da Silvinha no Cadillac escoltado por batedores da Polícia Militar. Uma verdadeira multidão se aglomerava em frente à igreja e, dentro, não cabia mais ninguém, mas todos queriam entrar para assistir à celebração e chegar mais perto de nós. Foi necessário chamar um choque da polícia para conter o tumulto.

O Ronnie, que também era padrinho, teve que entrar junto com a Silvinha e o pai dela, espremidos em um cordão de isolamento feito pela polícia, que não conseguia conter os milhares de fãs. Martinha foi dama de honra. Agnaldo Rayol cantou "Ave Maria". Muitos outros artistas compareceram e foi um grande acontecimento, destacado em manchete por todas as revistas, jornais e noticiários de rádio e TV.

9. MEU ENCONTRO COM A MÚSICA SOUL

Certa noite de domingo, ainda solteiro, eu estava no meu apartamento no Hotel Danúbio, em São Paulo, assistindo ao último filme da TV, quando o telefone tocou. Era da recepção.

— O senhor me desculpe, sei que já é tarde, mas tem aqui uma pessoa que diz que é seu amigo e insiste em falar com o senhor. Chama-se Sebastião Rodrigues Maia.

Procurei me lembrar de alguém com esse nome, mas não consegui.

— O senhor tem certeza que é comigo? Não marquei com ninguém.

— É com o senhor mesmo. E ele está muito nervoso.

Ouvi ao fundo uma voz potente e ansiosa:

— Fala que é o Tim Maia!

Reconheci a voz do meu amigo e o autorizei a subir.

Havia muito tempo que não via o Tim e fiquei contente de saber que ele estava ali. Musicalmente, sempre foi muito respeitado em nosso grupo. O que eu sabia dele é que tinha ido para os Estados Unidos e conviveu lá com uma turma que depois ficou muito conhecida no movimento da música soul.

Sabia também que ele tinha sido preso lá, acusado de portar maconha, e ficou dois anos na cadeia. Depois, foi deportado para o Brasil por estar ilegal nos Estados Unidos, e chegou a ser preso aqui também. A campainha tocou, abri a porta e lá estava o meu amigo Tim Maia, mais gordo do que nos tempos do Clube do Rock. Ficou olhando fixo para mim e disse:

— Meu compadre, você é a minha salvação.

Senti que ele estava bastante perturbado e logo foi me dizendo:

— Eu vou voltar para a cadeia, porque vou matar o Erasmo e o Roberto, esses dois amigos ursos.

— Calma, Tim. Você parece estar com fome. Quer que eu peça alguma coisa para comer?

— Por favor, meu compadre, estou faminto sim, não comi nada hoje e estou sem dinheiro algum.

— Ok, mas só tem o que a copa faz, nesta parte do cardápio.

— Tem bauru aí?

— Tem sim, vou pedir três, mais laranjada e sobremesa.

— Com a fome que estou, meu amigo, comerei tudo.

Fiz o pedido e, enquanto esperávamos, perguntei ao Tim:

— Que história foi essa, de cadeia? Você foi preso mesmo?

— Pensei que você soubesse. Quando cheguei dos Estados Unidos, tinha fumado uns "bauretes" (nome dado pelo Tim aos cigarros de maconha) e ia muito doido pela rua. Avistei uma cadeira na varanda de uma casa, entrei, peguei a cadeira, botei na cabeça e fui levando. A polícia chegou na hora e me prendeu, fui julgado e peguei cinco anos. Muita gente pensava que eu estava nos Estados Unidos, mas eu tinha sido preso lá também e fui deportado.

MEU ENCONTRO COM A MÚSICA SOUL

— Eu sabia da história dos Estados Unidos, Tim, mas o que foi que deu em você para entrar numa varanda e pegar a cadeira?

— Maluquice, meu compadre, pura maluquice... Por causa disso, eu tive que enfrentar bandido na cadeia, lá é a lei dos mais fortes, e se você se acovardar eles comem o seu rabo. Eu tinha uma faca comigo o tempo todo para afastar a malandragem. Eu ia sair com três anos por bom comportamento, os malandros ficaram sabendo e vieram pra cima de mim. Tive que me defender, fui para a solitária e fiquei mais um ano preso. Saí no ano passado. Agora já sei que vou de novo para trás das grades.

— Mas por que você disse que vai voltar para a cadeia?

— Porque vou matar o Erasmo e o Roberto, já não te falei?

— Isso é brincadeira, não é?

— Não é brincadeira, não, meu compadre, olha só. O Erasmo era meu amigo de infância. Foi comigo que ele aprendeu a tocar violão. A minha mãe tinha uma pensão, fazia comida para fora, e o Erasmo me ajudava a entregar marmita no bairro. A gente era amigo mesmo. O Roberto, eu ensinei a cantar e abrir a voz, a gente tinha um conjunto vocal antes de eu ir para os Estados Unidos. Saí da cadeia e falei comigo mesmo que ia me comportar. Consegui fazer um disco na CBS e até trouxe um pra você. Procurei o Erasmo e o Roberto, disse que queria fazer o programa *Jovem Guarda* e eles falaram para eu vir a São Paulo, procurar por eles na TV Record, que me colocariam para fazer o programa. Peguei um ônibus, com passagem só de ida, cheguei aqui na rodoviária e fui direto para o auditório da TV Record, na rua da Consolação. O porteiro me informou que eles ainda não tinham chegado e eu fiquei esperando. As horas foram passando e muita gente chegando. Fui lá, perguntei se meu nome não estava na lista dos artistas que iam se apresentar. O porteiro perguntou ao produtor, que disse que não. "Talvez eles tenham se esquecido, mas, assim que me virem aqui, vão me colocar para dentro", pensei. De repente chegou um carrão. Era o Roberto. Eu gritei: "Roberto, é o Tim." Ele não me viu e entrou. Logo depois veio o Erasmo com o Babulina (Jorge Benjor). Eu praticamente me joguei na frente do carro e gritei: "Erasmo, é o Tim! O pessoal não quer me deixar entrar!" Mas ele quase me atropelou. Fingiu que não me viu. Fiquei lá na porta. Quando via alguém que ia entrando com um instrumento, pedia que avisasse que eu estava lá fora, mas nada.

Tim Maia falava sem parar, muito nervoso, parecendo às vezes que ia explodir num choro compulsivo, ou num acesso de raiva. Eu só olhava, tentando acalmá-lo com minha escuta atenta. E ele prosseguia:

— Eu pensei: preciso falar com eles, estou sem dinheiro para voltar para o Rio. Fiquei esperando o programa acabar e aí foi pior ainda. Quando eles saíram, foi o maior tumulto e correria das fãs e eu fiquei ali sem saber o que fazer. De tanto eu encher o saco do porteiro, ele descolou o endereço do Erasmo e me fez prometer que não contaria que foi ele quem deu. Meu compadre, perguntei onde era o Brooklin e lá fui eu, a pé, até chegar à casa dele. Toquei a campainha e vi pela janela que duas pessoas subiram as escadas correndo, e uma das calças era a do Erasmo.

— Mas como você sabia que era ele?

— Era a mesma calça que ele estava usando quando entrou no programa! Na frente era de uma cor e, atrás, de outra. A dona

Tim Maia, acompanhado da banda Os Bons, em minha apresentação especial na TV Globo, como convidado.

—

A banda Os Bons, que me acompanhou na fase de "A onda é o boogaloo": maestro Zezinho (órgão e piano), Garoto (vibrafone), Cazé (sax alto), Paulinho Braga (bateria), Capacete (baixo), Mauro Miola (trompete), Nivaldo Aroca Barros (trompete). Faziam parte da banda ainda Ary (guitarra) e Iran (sax barítono).

Pronto para as pistas.

Navegando pela então cristalina represa de Guarapiranga (SP).

Ao lado da minha amada irmã Ivete Araújo.

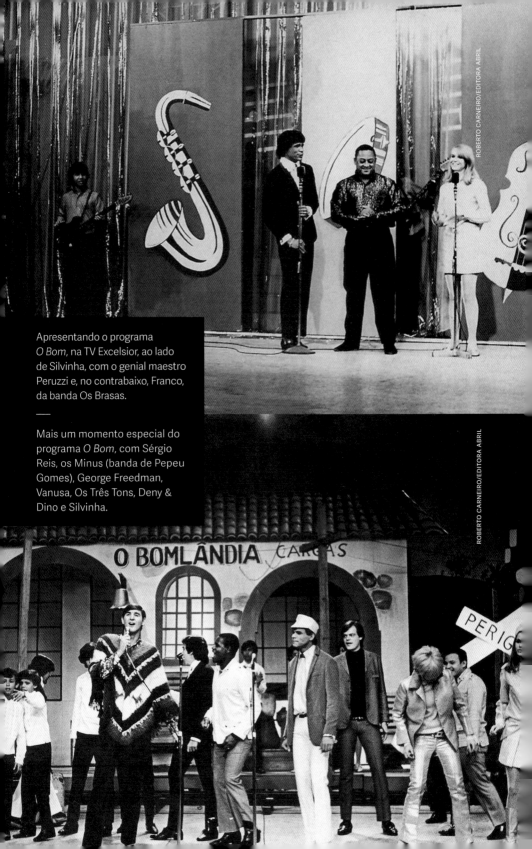

Apresentando o programa *O Bom*, na TV Excelsior, ao lado de Silvinha, com o genial maestro Peruzzi e, no contrabaixo, Franco, da banda Os Brasas.

Mais um momento especial do programa *O Bom*, com Sérgio Reis, os Minus (banda de Pepeu Gomes), George Freedman, Vanusa, Os Três Tons, Deny & Dino e Silvinha.

Silvinha arrasando no programa *O Bom*.

Com a banda Os Incríveis, na TV Excelsior, em 1967.

Minha apresentação de estreia em São Paulo, no programa do saudoso Chacrinha.

Foto de divulgação para o lançamento do compacto *Rock da lambreta*.

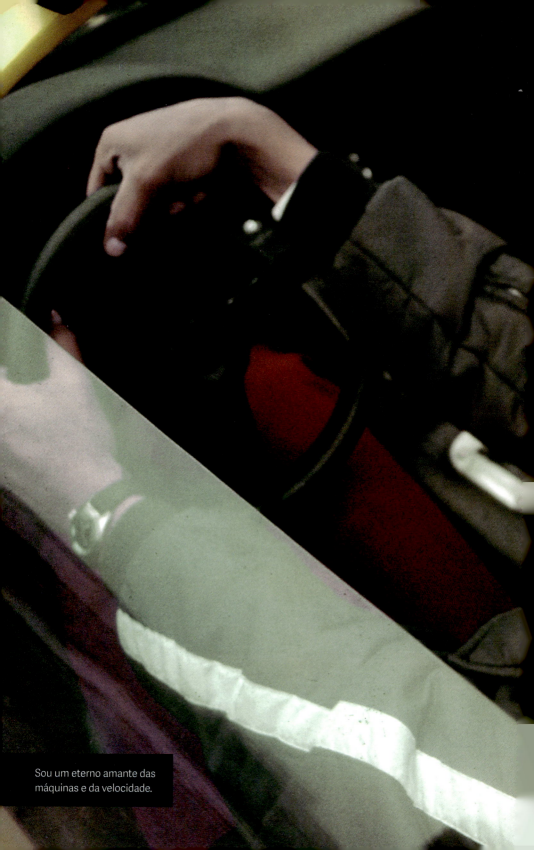

Sou um eterno amante das máquinas e da velocidade.

Em 1967, fechando o gol em treino no Corinthians. Após defender os chutes dos amigos Gilson Porto e José Alberto Bougleux, o Bugle, a diretoria cogitou me contratar.

Praticando esqui aquático na represa de Guarapiranga.

Junto à minha lancha.

Em 1967, com o meu famoso Mustang, que não era vermelho.

Este é o Bino Mark II, que por muito tempo pertenceu ao jornalista Mauro Salles. Hoje o protótipo faz parte do acervo do Museu Jorm, de Paulo "Louco" e Wilson Fittipaldi.

Em 1967, montando cavalo chucro no Rodeio de Barretos (SP).

Na volta da lua de mel com Silvinha.

Dia 23 de julho de 1969. Meu aniversário de 27 anos e o dia mais feliz de minha vida, quando casei com Silvinha. A nosso lado, o padrinho e eterno amigo Ronnie Von.

Em ensaio para a revista *Pop* com Silvinha e nossa filha Mônica. Ao fundo o nosso ônibus, um Magirus-Deutz personalizado que nos levou em turnê por todo o Brasil.

Recém-casados em ensaio para a revista *Intervalo*, em 1970.

—

Em nosso primeiro ensaio para a revista *Intervalo*, em 1967. Já namorávamos, mas era segredo.

Com Silvinha, em 1972.

Apresentação no SBT em 1977, com Silvinha.

Show no Teatro Getúlio Vargas (São Paulo), em 1980.

O grande campeão nacional Minueto 53, um cavalo adquirido da tropa de Sebastião Malheiros por meu pai, que pagou o equivalente ao preço de uma fazenda pelo animal.

Meu pai, coronel Lídio Araújo, com um pônei da sua criação.

Com 16 anos, recém-chegado ao Rio de Janeiro.

Meus pais, Lídio e Maria, com os filhos: Paulo, Aurino, Raquel, eu, Hayde e Ivete.

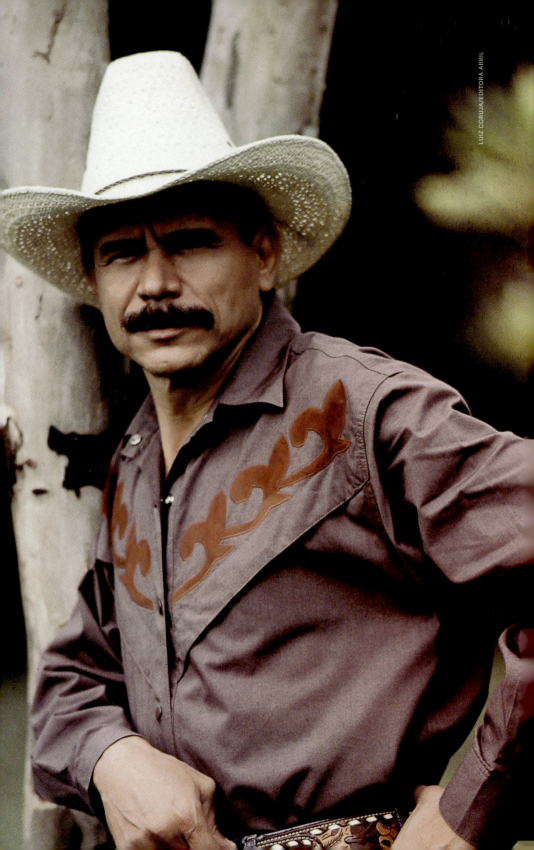

Praticando apartação, minha modalidade de

Eu, Silvinha e nossos filhos Mônica e Eduardo.

Nossa família em Salvador (BA), em 2007.

Minha mãe, Maria Araújo, ao lado do presidente Juscelino Kubitschek, velho amigo da família, em uma das cantorias em nossa Fazenda Aliança (Joaíma/MG).

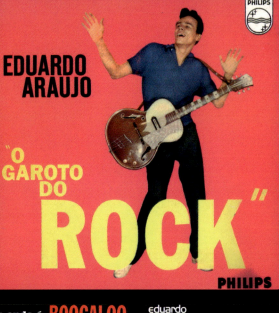

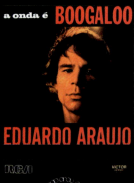

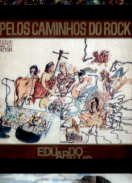

São 55 anos de carreira com 17 álbuns e 2 DVDs lançados. Dos vinis, foram geradas diversas compilações para CD.

Meu show na inauguração da Arena de Rodeio de Barretos, em 1985. Rolou muita lenha!

Diva veio me atender e disse que ele não estava. Argumentei com ela que eles tinham me convidado para fazer o programa. Mas ela nem me convidou para entrar. Eu disse que ia ficar esperando. Ela disse que ele tinha ido fazer um show e que talvez não voltasse. Falei com ela que tinha visto alguém subindo a escada e ela disse que era o motorista, que foi dormir. Ela falou que tinha que entrar, fechou a porta na minha cara e eu fiquei sem saber o que fazer. Então lembrei que o Imperial tinha me dado o seu endereço: Hotel Danúbio, Brigadeiro Luiz Antônio, vim andando e perguntando. Depois de algumas horas cheguei aqui, meu compadre. E de lá até aqui vim pensando, eu vou matar os dois e vou voltar para a cadeia.

Nisso a campainha tocou. Era o lanche do Tim. Comeu os três baurus, tomou uma jarra inteira de suco de laranja e uma enorme taça de salada de frutas com sorvete.

Comecei a tentar dissuadir o Tim de sua ideia maluca. Argumentei que talvez eles tivessem ficado com medo de perder a posição que conquistaram, caso se envolvessem com um ex-presidiário condenado por uso de drogas.

Tim foi ficando mais calmo. Disse a ele para passar a noite no hotel, que o apartamento era grande e ele ocuparia uma das camas.

— Amanhã a gente conversa, tá bom? E fique tranquilo, porque você já tem um programa com cachê pra cantar.

Ele ficou muito contente e não parava de me agradecer, falando que aquele tinha sido o pior e o melhor dia da vida dele.

— Tim, você pode morar aqui comigo, mas preciso que você prometa que não vai fumar maconha no hotel, de forma alguma. Se quiser fazer isso, vá para rua. Aqui, de jeito nenhum.

— Meu compadre, pode ficar tranquilo, eu prometo que isso nunca vai acontecer.

E realmente ele morou durante um ano comigo no hotel sem causar qualquer problema.

A onda é *boogaloo*

No dia seguinte acordei cedo, porque tinha uma reunião na Odeon sobre o novo disco, e deixei o Tim dormindo. Pedi na portaria que o acordassem com o café da manhã, às dez. Quando voltei, o Tim já estava aceso e começou a me falar sobre o movimento soul nos Estados Unidos.

Eu ainda não tinha definido o que gravar no disco novo. Pensava em mudanças, mas não tinha encontrado o caminho. Comecei a me interessar pela conversa do Tim sobre a música soul.

O papo rolava e cada vez mais eu me empolgava com o estilo, percebendo que era de fato uma música muito avançada. Fomos até uma loja de discos importados e comprei algumas preciosidades da música soul: discos de Aretha Franklin, James Brown e outros que conseguimos encontrar. Ouvimos música o dia todo e, no fim da tarde, eu estava convencido de que era aquilo que queria fazer.

Convidei o Tim para ser o produtor do meu novo disco. Ele ficou muito entusiasmado.

— Vai comprar essa briga, meu compadre?

— Sei que vai ser difícil convencer os diretores da gravadora, mas acho que vale a pena.

MEU ENCONTRO COM A MÚSICA SOUL

Liguei para o Gurzoni, que na época era o diretor da gravadora, e disse que tinha achado o caminho para o novo disco. Depois de convencer o Gurzoni e o diretor artístico, Nilton Miranda, partimos para formar uma banda capaz de produzir a sonoridade mais fiel possível à música soul.

Os músicos foram escolhidos a dedo. Chamamos Waldir Arouca e Casé para fazer arranjos e tocar trompete e sax-alto. De Belo Horizonte veio o sax-tenor Nivaldo Ornelas. Pedrinho, irmão de Casé, no sax-barítono, e Mauro Miola, no trompete, completavam os metais. No contrabaixo, Capacete; na guitarra, Ari; e Zezinho no piano e no órgão Hammond. Tim Maia fez questão de um vibrafone, no estilo das melhores gravações norte-americanas de soul, e chamou Garoto para tocar.

Só nos faltava o baterista, e foi muito difícil encontrá-lo. Fizemos testes com onze candidatos e nenhum conseguia assimilar a divisão rítmica do soul. O Nivaldo Barros escreveu, em partitura, peça por peça da bateria. O músico lia, mas não conseguia assimilar a divisão. A garotada de hoje tira de letra esta divisão, mas para os músicos da época era algo muito estranho. Foi então que o Nivaldo Ornelas se lembrou de alguém:

— Conheço um baterista que acho que pode tocar isso aí. Ele mora em Formiga, lá em Minas, e você pode botar qualquer partitura na frente dele que ele toca.

— Então manda vir o cara, que eu não aguento mais o Tim fazendo teste com bateristas.

— Meu compadre, o batera tem que ser muito bom. Ele e o baixo são a alma da música soul — insistiu o Tim.

Depois de uma semana, chegou o baterista, bem caipira.

— Não sei não, Tim... será? — Falei, desconfiado. — Você é de Formiga? — perguntei para o cara.

— Sou sim, uai. Você conhece?

— Já ouvi falar. E você já ouviu falar na música soul?

— Não ouvi, não. O que é isso?

Pensei comigo mesmo: "Entramos numa furada, mais um que não vai dar certo."

Ele começou a arrumar a bateria toda ao contrário. Era canhoto. O Tim:

— Quer ouvir o swing?

- Uai, sô, vamos ouvir.

O Tim colocou na vitrola "Funky Street", e o cara começou a acompanhar olhando a partitura. Fez umas caretas, dando a entender que era difícil. Quando terminou ele disse:

— O trem é doido, uma divisão louca; nunca vi o bumbo fazer uma coisa, a caixa outra, o chimbau em contratempo. Vamos lá, me dá uns cinco minutos para eu tentar montar esse quebra-cabeça.

Enquanto ele matutava olhando a partitura e o instrumento, ficamos nós ali, eu, o Tim e toda a banda na expectativa.

— Vamos tentar — disse ele, de repente.

A banda atacou e o swing rolou. Eu e o Tim ficamos bobos. O cara arrasou. A gente dava risada. "Conseguimos, Tim", eu festejava. O nome do cara: Paulinho Braga. Depois ele tocou com nomes como Elis Regina e Milton Nascimento, foi eleito pela revista *Billboard* o melhor baterista brasileiro e hoje mora nos Estados Unidos.

Enfim a banda estava pronta e começamos a ensaiar no salão de festas do Hotel Danúbio todos os dias. A notícia se espalhou, os ensaios passaram a ser disputados pelos hóspedes e vinha gente de longe para ver. O Tim fez várias versões para o português das músicas soul: "Longe de você" ("The Same Old Song"), "Tenho que ter todo seu amor" ("Got To Have a Hundred"), "Boogaloo na Broadway" ("Boogaloo Down Broadway"), "Rua maluca" ("Funky Street"), "Dançando o Boogaloo" ("Got a Thing Going"), "Baby, baby, sim baby" ("Since You've Been Gone — Sweet Sweet Baby") e "Vamos recomeçar" ("Come Back Baby").

Entraram também no repertório duas composições minhas e do Chil Deberto, e uma música do Tim, "Você", que pouca gente sabe ter sido criação minha.

Enquanto "Você" não ganhava uma letra, o Tim a cantava com o seguinte refrão:

Você...
Não lava este pé
E esse teu chulé
Muito fedorento, baby...

O arranjo já estava pronto, eu ensaiava com a banda e quando chegava a hora do refrão cantava essa letra. Mas todo dia eu falava:

— Tim, quando é que eu vou poder cantar com a letra pronta?

— Compadre, me deixe fumar um baurete que eu termino ela hoje.

— Tim nós já falamos sobre isso.

— Estou brincando, meu compadre.

Quando tudo estava superensaiado, fomos para o Rio de Janeiro e gravamos durante quinze dias no estúdio da Odeon.

Os vocais ficaram por conta dos Golden Boys e do Trio Esperança, mais o Tim e a Silvinha.

O disco ficou pronto e fiz muitos shows acompanhado por aquela banda maravilhosa. Quando ia me apresentar na TV, a coxia era disputadíssima pelos artistas e cantores que queriam ver os nossos músicos de perto.

Ser produzido por Tim Maia nesse disco foi um momento marcante em minha trajetória. Como escrevi na contracapa, o LP "foi o fruto de dois meses de pesquisa e assimilação e quarenta dias de longos e exaustivos ensaios". Ele se dedicou com entusiasmo ao nosso projeto, dirigindo todos os ensaios e gravações. Além de me ajudar na escolha das músicas, Tim fez todas as versões, foi decisivo na escolha dos músicos, orientou os arranjadores e dirigiu o vocal, inclusive me fazendo chegar ao estilo de interpretação daquelas canções. Nesse disco, cantei em uma tonalidade muito diferente do modo que eu estava acostumado a cantar. Queríamos um timbre agudo, com muito falsete, a exemplo do Johnny C., cantor americano que se destacava nesse gênero, ao lado de James Brown, Wilson Pickett e Aretha Franklin.

Chamávamos de boogaloo a forma de divisão rítmica do gênero soul, no qual o ritmo, a harmonia e a letra constituem um todo inseparável. Estávamos em 1969 e todos se preocupavam com a "mensagem" que uma obra de arte devia transmitir. Era o tempo das músicas de protesto. Os compositores faziam de tudo para romper a barreira da censura, imposta pela ditadura militar, e muitas canções tinham forte sentido político. Mas, no soul, as palavras não eram importantes pelo seu conteúdo de informação, e sim pelo seu efeito fonético: o som passou a ser mais importante que o sentido.

Diabruras do Tim Maia

A carreira de Tim começava a deslanchar, mas ele sempre foi muito desorganizado e usava seus amigos e fãs como empresários. Um desses amigos, Almir Ricardi, apareceu com a proposta de um show do Tim em Santos, que ele próprio estava produzindo e divulgando. O Tim me ligou convidando para acompanhá-lo na viagem a Santos. Respondi:

— Se eu não tiver show neste dia, vai ser um prazer ir contigo.

Quando chegamos a Santos, a cidade estava cheia de cartazes de divulgação do show. Tim bateu os olhos nos cartazes e disse:

— Meu compadre, vamos entrar no carro e voltar para São Paulo agora.

— Mas o que foi que aconteceu?

— Olha o cartaz, meu compadre.

Foi aí que reparei. O cartaz trazia o nome do Almir Ricardi em letras garrafais — "Almir Ricardi" apresenta —, e em letras bem pequenas, "Tim Maia". O Tim virou bicho, tentei convencê-lo a fazer o show, mas não teve jeito. Se eu insistisse, ele ia pegar um ônibus de volta.

Uma coisa em que insisti muito foi promover a reaproximação de Tim Maia, Roberto e Erasmo. Logo depois daquela noite em que ele me procurou no hotel, tentei de tudo para fazer com que seus antigos amigos, agora desafetos, o recebessem. Eu ia com frequência à casa de Roberto e sempre conversava com ele sobre esse assunto. Passaram-se uns três meses, até que ele me deu uma resposta positiva:

— Tudo bem, Eduardo, traz o Tim aqui.

Convencer o Tim era outra parte do meu trabalho diplomático. Ele continuava muito magoado e não queria ir.

— Pense bem, Tim, o Roberto quer ouvir músicas suas para gravar. É uma ótima oportunidade para você, porque os discos dele vendem muito. Não perca essa chance.

Ele então se dispôs a gravar algumas composições ali mesmo, no quarto do hotel. Meu gravador era igual ao do Roberto, um Akay profissional, de rolos grandes de fita.

— Mostre só uma, Tim. Se você levar várias músicas para ele, as energias se dividem e isso não é tão bom. Vamos nos concentrar em uma. A que ficar melhor no estilo do Roberto.

E o ajudei a escolher:

Há muito tempo eu vivi calado
Mas agora resolvi falar
Chegou a hora, tem que ser agora
Com você não posso mais ficar
Não vou ficar, não
Não posso mais ficar, não, não, não...

Nessa época, Roberto morava com Nice, em uma casa no Morumbi. Muito cordial, cumprimentou Tim, ainda meio cismado. Eu fazia de tudo para descontrair o ambiente, junto com um amigo comum que estava por lá, o Tonico Bolacha. A mágoa de Tim diminuiu um pouco depois desse dia, mas ele levou um pouco dessa cisma pelo resto da vida. De qualquer forma, consegui tirar da cabeça de Tim Maia aquele forte ressentimento contra Roberto e Erasmo.

Poucos dias depois, Roberto ligou dizendo que tinha gostado muito e que ia gravar a música de Tim. Tinha até colocado já os metais, com sua banda RC-7.

Com o tempo, Roberto e Erasmo voltaram a ser amigos de Tim. Especialmente Erasmo, que ele chamava de Erasmão. Mas algumas vezes me dizia:

— Rapaz, outro dia eu tive muita vontade de dar uma porrada neles, mas lembrei de você, dos conselhos que você me deu, e fui me acalmando.

A música "Não vou ficar", no disco de Roberto Carlos, fez um sucesso estrondoso e abriu as portas da Odeon para Tim Maia, no mesmo tempo em que ele estava produzindo o meu disco *A onda é o boogaloo*.

Gravar seu próprio disco na Odeon era uma grande oportunidade para Tim Maia, porém o temperamento dele mais uma vez complicou as coisas, quando ele foi ao Rio receber o pagamento como produtor do meu disco. Achou que estavam pagando menos do que o combinado, criou caso, quis bater nos funcionários, xingou todo mundo e fez um grande tumulto.

— Se antes de gravar já foi assim, imagine depois! — disse Milton Miranda, o diretor da gravadora, enquanto rasgava o contrato que estava pronto para ser assinado.

Tim voltou para São Paulo muito chateado com a perda do contrato, insisti com o pessoal da Odeon, mas não teve jeito. Eu sempre o levava para participar do programa *Astros do disco*, na TV Record, cantando umas músicas em inglês. Numa dessas noites encontrei Manoel Barenbein, que tinha assumido a direção artística da Philips em São Paulo, e contei a ele sobre o Tim, pedindo que desse uma força ao meu amigo.

— Mande ele falar comigo amanhã mesmo — respondeu Berenbein.

Tim foi lá, fechou contrato com a Philips e o próprio Manoel decidiu produzir o disco. Tudo ia bem até que o Tim fez questão de usar uma queixada em um dos arranjos. Esse instrumento de percussão, originalmente uma mandíbula de cavalo, tinha feito sucesso no arranjo de "Disparada", de Geraldo Vandré, quando foi tocado por Airto Moreira, no festival da Record em 1968. O produtor foi atrás da queixada, mas o dono não quis emprestar. Tim ficou irado, armou uma confusão tão grande no estúdio que o Berenbein resolveu colocar um produtor substituto, para se livrar da encrenca. Deu sorte. O produtor escolhido, Arnaldo Saccomani, era um estreante e, depois do disco de Tim, seguiu uma carreira vitoriosa, produzindo discos de Rita Lee, Ronnie Von, Fábio Jr. e muitos outros. Com habilidade, conseguiu imitar o som da queixada, Tim ficou satisfeito e o disco estourou. Foi primeiro lugar durante várias semanas, nas paradas de sucesso em todo o país.

Tim Maia começou a ganhar dinheiro, arrasava nos shows, teve o sucesso que sempre mereceu. Continuou me procurando sempre. No meu casamento, fez uma música que gravei com Silvinha: "Dudu da Neném, Neném do Dudu."

Porém, com todo o sucesso, continuou o mesmo Tim. Às vezes me ligava espumando de raiva, e contava que tinha sido roubado, que o cachê combinado por um show era muito maior do que pagaram a ele, xingava os contratantes, o empresário, e por fim me pedia ajuda financeira, que eu nunca negava. Seu segundo disco estourou mais ainda que o primeiro, com sucessos como "Primavera" e "Coronel Antônio Bento". O terceiro já foi uma produção independente, quando ele tornou-se adepto da seita Universo em Desencanto.

Outra do Tim: um dia ele me liga e diz:

— Meu compadre, quero te pedir uma coisa e sei que você não vai negar.

— Pode falar, Tim.

— Comprei um terreninho na ladeira do Sacopã, ali perto da lagoa Rodrigo de Freitas, estou construindo meu chatô, e queria ter uma vaquinha lá para eu tomar um leitinho de manhã.

— Tim, você é meu amigo e é claro que vou presentear você com a vaca. Porém, devo alertá-lo dos problemas que você vai enfrentar para mantê-la. Tem que fazer uma cocheira para a vaca dormir e também um pátio cimentado para ordenhá-la, além de um cocho para alimentá-la. Tem que comprar ração para a vaca e seu bezerro, e precisa ter um piquete para ela pastar. Isso se não aparecer um vizinho para reclamar e encher seu saco. Eu lhe dou o presente, só espero que não seja um presente de grego.

— Obrigado, meu compadre, pode deixar que vou cuidar dela com carinho, vou dar beijinho nela todos os dias.

Ele estava empolgado e investia todo o dinheiro que ganhava na construção da casa. Na fazenda, criávamos umas vaquinhas patuá, bem pequenininhas, e escolhi uma, bem leiteira, que ficou conhecida como Tina. Botei a vaquinha e seu bezerro numa caminhonete e mandei para o Tim. Ele me ligou todo contente e disse que ia até fazer uma música para Tina. Volta e meia me ligava para saber como fazia isso e aquilo com a vaca. Passou um bom tempo e fiquei sabendo que o Tim havia sido despejado porque, por engano, construiu em um terreno que não era o dele. Até hoje não sei o que ele fez com a Tina. Talvez tenha virado churrasco.

O maior guitarrista dos anos 1970

Lanny Gordin começou a tocar comigo aos dezesseis anos e me foi apresentado por um contrabaixista de Santos, de nome Nilson, da banda Os Bons.

Nascido em Xangai, veio para o Brasil aos seis anos, com a família (pai russo e mãe polonesa). Seu pai, Alan, era proprietário de uma casa noturna em São Paulo, chamada Stardust. Fui lá conhecê-lo e fiquei impressionado. O garoto era um prodígio. Tocava com uma técnica incrível e harmonizava usando acordes e inversões somente usados na época por grandes músicos estrangeiros do jazz. Convidei-o para tocar comigo e, depois de uma boa gaguejada, ele me respondeu que seria um prazer, mas que precisaria de autorização do pai, que também era músico. Falei com o Alan e ele me disse que o Lanny tinha apenas dezesseis anos, mas que, como era comigo, ele deixaria.

Eu tinha que carregar no bolso um alvará do Juizado de Menores, para que ele pudesse se apresentar nas TV e nos clubes. O Lanny foi a pessoa mais pura que eu conheci, um verdadeiro anjo caído aqui na terra. Não sabia dizer "não", e isso o prejudicava muito. Na sua cabeça não havia lugar para rivalidades, inveja, maldades ou qualquer outra coisa que pudesse prejudicar o seu semelhante.

Em uma ocasião, estávamos no programa *Boa Noite Brasil*, da TV Globo, e lá estava ensaiando, para se apresentar, um grande violonista brasileiro da música clássica, acostumado a dar concertos em todo o mundo. O Lanny era seu fã, colecionava todos os seus discos e sabia de cor todas as suas músicas. Em sua ingenuidade, sentou-se em posição de lótus, encarando o violonista e conferindo tudo, para não perder nenhum detalhe.

Numa passagem mais difícil do concerto, o violonista começou a errar. E tentou várias vezes e errava no mesmo lugar. Já nervoso, achou que era o Lanny que o secava e que o fazia errar. Ficou invocado.

— Você quer tocar? — disse para o Lanny.

Inocentemente, o rapaz se levantou, pegou o violão e sentou-se no banco. A orquestra e o maestro ficaram sem entender.

— Vamos, maestro, o jovem quer tocar — disse o violonista com ironia.

Foi então que todos se surpreenderam. Lanny Gordin tocou toda a música sem errar uma nota. Ninguém conseguia acreditar no que estava vendo. Enquanto ele tocava, o violonista ficou sem graça, mas, quando Lanny executou a parte mais difícil (o trecho em que ele estava errando), ele mesmo gritou: "Bravo!". Ao terminar, todos o aplaudiram de pé.

Houve um show em Novo Hamburgo em que nós íamos tocar antes da apresentação dos Mutantes. Porém, houve uma mudança imprevista, os Mutantes entraram primeiro e deixaram a turma enlouquecida. "E agora? Como entrar depois do sucesso dos Mutantes?", pensei. Então tive uma ideia. Chamei o Lanny e lhe disse que entrasse sozinho e começasse a fazer loucuras na guitarra.

— Depois que a plateia for ao delírio, você ataca com a introdução de "Paraíba" — disse a ele. Essa música, na época, era o sucesso da Silvinha.

O Lanny entrou e começou tocando como o Jimmy Hendrix no Festival de Woodstock. A plateia veio abaixo. Aos poucos, foram entrando o José Carlos (baixo) e o baterista Dartagnan. Quando ele atacou a introdução e a Silvinha entrou fazendo um improviso de voz em cima do solo da guitarra (quem conhece a gravação sabe do que estou falando), os estudantes universitários — na época mais atentos à boa música — ficaram alucinados. Esse show foi um dos melhores que fizemos, eu e a Silvinha, acompanhados pelo trio Lanny Gordin, José Carlos e Dartagnan. Pediram "bis" diversas vezes.

Com o tempo, as músicas gravadas nos nossos discos, com a participação marcante do Lanny, passaram a chamar a atenção de todos os produtores de disco e ele passou a ser um músico de estúdio, gravando com muitos artistas de peso, como Gal Costa, Caetano Veloso, Gilberto Gil, Jards Macalé, Erasmo Carlos, Tim Maia, Elis Regina, Jair Rodrigues e Tom Zé.

Por ser uma pessoa que não sabia dizer não, um dia alguém lhe ofereceu LSD, para experimentar. Uma única dose desencadeou um processo de esquizofrenia e de PMD (psicose maníaco-depressiva), fazendo com que este músico maravilhoso passasse por uma fase muito difícil, a ponto de viver praticamente no ostracismo por quase duas décadas. Felizmente não parou de estudar e praticar seu instrumento, e voltou a tocar, inclusive comigo, em outra fase da minha carreira, o rock progressivo. Sinto-me muito feliz por ter encontrado em minha vida este anjo da guitarra, Lanny Gordin. Aprendi muito com ele.

"Ave-Maria no morro"

O Roberto me falou certa vez que aquela banda era difícil de sustentar. Ele tinha razão. O Brasil ainda não tinha uma infraestrutura para tanta sofisticação musical e fui obrigado a dissolver aquela que foi a melhor banda de soul music já montada no país.

Como o disco soul não teve muita resposta comercial, fui muito cobrado pela minha gravadora. Sem recuar para o lado mais comercial, procurei uma saída, mas com uma pegada mais branca de soul, meio misturado com o blues e o rock'n'roll, como era o estilo do Joe Cocker, na época.

O Oswaldo Gurzoni, diretor da Odeon, me convenceu a fazer as pazes com o Carlos Imperial, para que ele produzisse o meu novo disco. Eu e o Imperial estávamos meio brigados por causa da composição de "O bom". Não havia saído meu nome como compositor no disco e ele me prometeu que corrigiria isso com a editora, mas a correção nunca foi feita.

Por fim tive que ceder e o Imperial, mais uma vez, foi o produtor de um disco meu. Fui para o Rio de Janeiro e fiquei hospedado com ele. Eu já estava casado com a Silvinha, que foi comigo. Em uma reunião na casa do Fernando César, que era o nosso editor, mostrei uma versão, em estilo Joe Cocker, para a música "Ave-Maria no morro", de Herivelto Martins, e eles se entusiasmaram com a minha interpretação. Naturalmente ficou como o estilo a percorrer e como a música de trabalho do próximo disco. Voltei para São Paulo e comecei a ensaiar com a minha nova banda, que por sinal era um trio formado por jovens e brilhantes músicos: Lanny Gordin (guitarra), José Carlos (baixo) e Dartagnan (bateria).

No dia da gravação, entramos no estúdio da Odeon e começamos a estudar uma nova forma sonora para o disco. Decidi que deveríamos explorar os vocais para que eu pudesse improvisar no estilo soul, e que o ritmo poderia ter algo bem brasileiro também. Em certo momento, virava um baião.

Bolei então uma melodia para o vocal na introdução. O arranjo de "Ave-Maria no morro" ficou maravilhoso. Até o Imperial, que sempre gostava de botar o dedo em tudo, achou que estava perfeito. Começamos o trabalho buscando com o técnico Zilmar Araújo uma nova sonoridade para a gravação. Gravamos o vocal, eu coloquei a voz e estava pronto. A proposta do baião no final me inspirou a gravar no estilo soul outras canções tipicamente brasileiras, como: "Juazeiro" e "Asa branca". Ainda compus e gravei a música "Salve, Nossa Senhora", que Tim Maia também havia gravado.

10. PELA ESTRADA

Formei bandas com grandes músicos e me tornei uma referência. Todos queriam tocar comigo, pois era uma verdadeira escola, trampolim para uma carreira vitoriosa como músico. A criatividade era estimulada, estávamos sempre inventando possibilidades novas nos arranjos e muitos tinham que estudar bastante para dar conta do recado. Eu também me empenhava para ser avançado e andar na frente. Procurei me equipar, pois quem não tivesse sua própria aparelhagem, na época, estava perdido. Eu andava querendo fazer um som mais pesado e tinha que investir em equipamentos.

Foi nessa época que o meu compadre Oswaldo Gurzoni foi dispensado da Odeon. De uma hora para outra. Ninguém entendeu nada: o todo-poderoso da gravadora, o homem que começou como contínuo e chegou a presidente, colocando a Odeon como a maior gravadora do país, tinha sido afastado. O grande profissional deixava órfãos vários artistas a quem ele amava e amparava, como eu e Silvinha, Simonal, Sílvio César, Clara Nunes, Altemar Dutra, Agnaldo Timóteo, Milton Nascimento, Ivan Lins, Lyrio Panicali, Som Imaginário, The Fevers, Taiguara, Sérgio Reis, Dick Farney e tantos outros. Era amigo de todos e a gravadora era uma família. Todo ano fazia uma festa em São Paulo e outra no Rio, promovendo os lançamentos, com a presença dos artistas da gravadora e da mídia de todo o Brasil.

Argumentos da empresa explicando seu afastamento: Gurzoni não era formado em marketing e já estava ultrapassado; a gravadora precisava de novas diretrizes para crescer mais. Fomos até ele, demonstramos a nossa solidariedade e dissemos que, se um dia, ele fosse dirigir outra gravadora, gostaríamos de estar lá.

A Odeon nunca mais foi a mesma. Eu e Silvinha pedimos um adiantamento para comprar novo equipamento, perto do vencimento do nosso contrato. O pedido foi recusado. Decidimos, então, deixar a gravadora e fomos para a RCA Victor, que fez uma proposta que nos interessou, incluindo o adiantamento. Lá chegando, na primeira reunião ficamos muito felizes ao saber que o Gurzoni estava sendo contratado para assumir a direção da gravadora. Tudo era favorável para a minha carreira e a da Silvinha.

Na vanguarda

Enquanto escolhíamos músicas para o disco de estreia na RCA, ocorreram mudanças em nossa banda. O guitarrista Lanny Gordin foi tocar com a Gal Costa e entrou em seu lugar o Aristeu, que hoje toca com Roberto Carlos. Convidei um novo tecladista, Sérgio Sá, e José Álvaro para o contrabaixo. Faltava um baterista que fosse fera para encarar essa nova banda e me indicaram Chico Medori, que havia abandonado a carreira, mas conseguimos convencê-lo a voltar. Enfim, a base da banda estava pronta e começamos os ensaios para nossos primeiros discos na RCA.

O novo presidente da gravadora, Gil Beltran, chegou da Espanha para assumir seu posto, viu meu nome entre os artistas do elenco e mandou me chamar. Geralmente os artistas pouco falavam com o presidente da empresa e tudo era decidido pelo diretor artístico. Gil Beltran, muito jovem, cumprimentou-me, foi logo dizendo que eu tinha feito parte da subida dele na companhia, e contou uma história interessante: era um dos produtores da RCA na Espanha, quando chegou às suas mãos um compacto com a música "Meu limão, meu limoeiro", cantada por mim, e ele gostou tanto que produziu uma versão para o espanhol, gravada por um jovem cantor. O sucesso foi tanto que vendeu na América Latina mais de um milhão de cópias, o que na época era um fenômeno. Por esse sucesso, ele assumiu a direção artística da RCA na Espanha e agora estava ali, nomeado para a presidência da filial brasileira.

Fez-me várias perguntas: "Está satisfeito na RCA? Estão lhe tratando bem? Já está preparando o novo disco?" E outras coisas mais. Disse que estava chegando, que iria promover mudanças, e perguntou se eu tinha algo a sugerir. Aproveitei para dizer que nós aqui no Brasil estávamos muito atrasados na tecnologia de gravação. Enquanto nos Estados Unidos se gravava em 24 canais, nós ainda usávamos no máximo quatro canais e com equipamento já ultrapassado. Ele me disse que era formado em engenharia de som, conhecia muito de equipamento e iria dar uma olhada no estúdio. Então me perguntou quando eu precisaria do estúdio para as gravações.

Como ele queria saber como eu tinha ido parar na RCA, contei-lhe toda a história e aproveitei para encher a bola do meu compadre Gurzoni:

— Nesse você pode confiar — falei.

Saí de lá radiante e corri para contar tudo à Silvinha. Poucos dias depois, eu estava no estúdio, já tinha gravado quatro músicas, quando ele entrou de repente, ficou algum tempo ali e me chamou na técnica.

— Eduardo, hermano, você tem razão. Não dá para fazer uma boa gravação com esse equipamento. Vamos parar. Estou indo para os Estados Unidos e vou trazer um equipamento de primeira geração. Enquanto isto você vai preparando outras músicas, ok?

— Tudo bem — falei. Mas fiquei preocupado: será que vai trazer mesmo?

Exatamente duas semanas depois recebi um telefonema do técnico Garrincha, pedindo que eu fosse para o estúdio, pois o Gil Beltran queria falar comigo. Fui correndo. Quando cheguei, os técnicos estavam terminando de montar a mesa de 24 canais. A emoção foi tanta que até chorei.

— Araújo, você vai ser o primeiro a gravar nesse novo equipamento — disse o Gil Beltran. — Pode começar quando quiser.

Agradeci ao Gil e, com alegria, avisei minha banda. Entramos em estúdio e começamos a gravar o primeiro disco brasileiro em 24 canais.

Exatamente nessa época, Roberto Carlos me ligou chateado com a banda dele, pois alguns músicos estavam bebendo muito e, num show na Argentina, a banda o derrubou.

— Você consegue alguns músicos para mim, bicho? — pediu ele.

Foi aí que o meu guitarrista Aristeu, o baterista Norival e o baixista Paulo César Barros (ex-Renato e seus Blue Caps) passaram a integrar a banda do Roberto. Para o lugar do Aristeu, chamei o argentino Cacho Valdez, que era dos Beat Boys, a banda que acompanhou Caetano Veloso no início da Tropicália. Ele já tinha tocado antes comigo e era um excelente guitarrista.

Antes de um show em Fortaleza, percebi que o Serginho Sá estava muito triste e fiquei surpreso com o motivo: ele e os outros músicos da minha banda souberam que não iriam participar da gravação, porque a RCA já tinha os seus músicos e maestros. Chamei o Serginho e lhe disse:

— Garanto que você vai gravar como músico e que, além disso, vai ser o maestro.

Ele achou que eu estava blefando. Na primeira reunião com o diretor artístico da RCA, Osmar Zan, sugeri o Sergio Sá como maestro.

— Mas o Sergio Sá é cego! Como é que ele vai escrever os arranjos? — respondeu o Osmar, espantado.

— Só vou precisar de um maestro para escrever as ideias do Sergio Sá, entendeu?

Osmar topou. Eu estava com a bola toda e com muito cartaz com o Gil Beltran. Escolhi o maestro Salinas, por seu prestígio na classe musical e por se identificar com ideias mais jovens.

Assim foi que, além de ser o primeiro álbum gravado no Brasil em 24 canais, esse disco lançou o Sérgio Sá como arranjador e, pela primeira vez, na capa, estampou uma foto dos principais músicos que participaram. Foi um marco na minha carreira, pois me sentia livre e apoiado pelo meu novo amigo Gil Beltran e pude realizar um disco de vanguarda na época, atual até hoje. Ao lado de novas composições, como "Kizumbau" (em parceria com Chocolate da Bahia) e "Seca brava" (com Tom Gomes), gravei arranjos ousados de clássicos do cancioneiro nacional, como "Luar do sertão" (de Catulo da Paixão Cearense), "Terra seca" (Ary Barroso) e "Sodade, meu bem, sodade" (Zé do Norte), tudo com uma levada bem roqueira.

O Chocolate da Bahia

Eu, que sempre gostei da mistura de ritmos, de repente descobri que tudo o que mais queria estava acontecendo em Salvador. Fui fazer um show por lá, comecei a pesquisar os ritmos afro e me apaixonei. Sempre fui fã de Carlos Santana, que buscou para sua música os ritmos latinos. Na Bahia, vi então que havia um grande legado para a música que eu queria fazer, um ritmo autêntico e brasileiro, diferente de tudo. Quem poderia me ajudar? Pensei em procurar amigos como o Pepeu Gomes, que eu conhecia desde que ele tinha doze anos e tocava Beatles no conjunto Os Minos, e os outros Novos Baianos, Galvão e Paulinho Boca de Cantor, mas resolvi procurar alguém nas ruas. No Mercado Modelo, vi um rapaz que vendia e tocava berimbau. Ao me aproximar, ele me reconheceu e disse, naquele jeito bem baiano de falar:

— Eduardo Araújo aqui no Mercado Modelo? Isso merece capoeira!

E foi improvisando no berimbau, tirando versos da cabeça, com uma sabedoria popular que me impressionou. "Meu Deus, é esse o cara que procuro!", pensei. Perguntei o nome dele e ele, sempre improvisando em versos bem rimados e ritmados, enalteceu tudo o que a Bahia tem, as obras de arte do Mercado Modelo, os artistas populares, os grandes nomes da cultura baiana, como Caymmi e Jorge Amado, a capoeira do mestre Bimba, o acarajé, o vatapá, a moqueca e o caruru, e finalizou esse verdadeiro show de poesia e ritmo dizendo seu nome: "Sou o Chocolate da Bahia."

Iniciamos ali uma grande amizade que dura até hoje. Contei-lhe meus planos e ele se colocou à minha disposição: levou-me a visitar o Pelourinho e me apresentou a todo mundo: os terreiros, as rodas de capoeira, o pessoal das ilhas, tudo que fosse ligado a ritmo. E juntos compusemos a canção que abre meu primeiro disco produzido pela RCA: "Kizumbau".

As minas das Carnaíbas

Fomos os primeiros artistas de rock no Brasil a ter nosso próprio ônibus. Enquanto os outros viajavam de Kombi. Comparado, aquele velho ônibus parecia um Boeing. Por onde a gente passasse, todo mundo via nossos nomes em letras garrafais: "Eduardo Araújo, Silvinha e Banda."

A primeira excursão nesse ônibus foi uma verdadeira aventura. Saímos de São Paulo rumo à Bahia e, só depois de algumas horas de viagem, percebemos que estávamos indo muito devagar. Os outros carros passavam por nós feito foguetes.

— Por que estamos indo tão devagar? Algum problema com o ônibus? — perguntei ao nosso motorista.

— Pois é, seu Eduardo, ele está com uma peça, a coroa do pinhão, que é para ônibus urbano, e nós esquecemos esse detalhe.

— E como vamos fazer? Desse jeito vamos chegar depois de todos os shows.

— Temos que parar em algum lugar para trocar a coroa do pinhão.

Cheguei a ficar chateado com as brincadeiras e piadas do pessoal da banda, que já tinha apelidado o ônibus de Tartaruga. E lá fomos nós. Nas descidas, o motorista deixava o ônibus na banguela para compensar as subidas a 30 quilômetros por hora. Sei que isso é perigoso, mas não tinha outro jeito. No caminho, paramos numa concessionária Mercedes para comprar a tal coroa do pinhão, que foi trocada durante a noite, enquanto dormíamos num hotel de beira de estrada. No outro dia, foi só alegria e fizeram até música para o Tartaruga.

Chegamos a Governador Valadares para a primeira apresentação. No hotel, já nos esperava o meu irmão Aurino e o empresário José de Nô, que vendia os nossos shows. Na hora do jantar, recebemos a visita dos filhos do contratante, que me perguntaram brincando.

— Você vai fazer o show na zona?

— Que brincadeira é essa? — perguntei.

— É que o seu ônibus está estacionado lá na zona boêmia e a putada toda está em volta dele. Passei lá agora e vi — respondeu um dos rapazes.

Fiquei maluco e mandei o José de Nô correr lá para ver. Era verdade. O danado do velho motorista estava fazendo sucesso com o nosso ônibus entre as putas. Só que as pessoas passavam por lá, viam o ônibus com nossos nomes e pensavam que estávamos hospedados ali. Furioso, eu queria dispensar o motorista ali mesmo, mas ele me pediu por favor, disse que não tinha sido de propósito e prometeu que não faria mais isso. Eu lhe perdoei, mas os músicos pegaram no pé do velho o tempo todo.

Depois de Valadares, fomos fazendo shows em várias cidades: Colatina, Mantena, Teófilo Otoni, Pedra Azul, Ilhéus, Conquista, Jequié, Feira de Santana, Salvador e outras mais. Durante uma pausa na excursão, um fim de semana sem trabalho, estávamos em um hotel na cidade de Morrinhos quando José de Nô resolveu ver se fechava algum show para não ficarmos parados.

— Eduardo, acho que arrumei um show, mas preciso consultá-lo.

— Pode falar, Zé.

— Tem uma mina de esmeralda aqui perto e o pessoal lá tem muito dinheiro. Eles têm um pequeno cinema e eu pensei em bancar este show. Falei dessa possibilidade e o pessoal ficou louco com suas músicas. "Ave-Maria no morro" é o maior sucesso. Lá podemos cobrar caro, que o pessoal paga. Qualquer criança anda com dinheiro no bolso.

— Zé, não vá me botar numa fria, que lugar é este?

— Chama-se Minas de Carnaíbas. Dá para fazer show no cinema e no clube. Eu conferi. É um salão com palco e tudo.

— Tá bom, Zé, vai lá e fecha o show. Nós estamos parados mesmo, é melhor que nada.

E lá fomos nós. Andamos um bom pedaço no asfalto e logo entramos numa estrada de terra. No ônibus iam os músicos e toda a equipe. Eu e a Silvinha fomos num jipe que eu comprei de um mecânico na estrada, coisa de doido.

Começamos a subir uma serra e não parávamos de subir. Curvas e mais curvas, subíamos, subíamos e a estrada se estreitando. De repente chegamos a um acampamento: um aglomerado de barracos com uma única rua. O velho motorista, com toda a sua habilidade ao volante, teve dificuldade em levar aquele ônibus até lá.

Logo percebi que o Zé tinha nos levado a uma furada, mas o que fazer? Já estávamos lá para o que desse e viesse. Não tinha mais choro nem vela.

O vilarejo estava em festa, nunca um ônibus chegara lá. A garotada corria atrás, era tudo uma grande festa para os garimpeiros. Aí, eu perguntei:

— Quem é o louco que já fez show aqui?

— O Waldick Soriano e a Rita Cadillac vêm todo ano aqui — disse o contratante.

Ele me contou então que, numa de suas idas àquele fim de mundo, o Waldick chegou muito atrasado, não levou músico e pegou um sanfoneiro local para acompanhá-lo. Quando entrou no salão, o povo que já o esperava por algumas horas aplaudiu feliz, porque ia ter o show. Waldick pediu ao sanfoneiro que desse um lá maior, mas ele só sabia tocar em dó maior, era muito limitado. Fez um acorde de dó e Waldick tentou cantar: "Eu não sou cachorro não..." Mas não conseguiu cantar nem o primeiro verso, porque esse tom era alto para ele. Quando percebeu que o sanfoneiro não teria condições de acompanhá-lo, pegou o microfone e disse:

— Eu hoje não vim aqui cantar, eu vim pra brigar e todo mundo aqui é veado, e, se tem homem aqui, que suba aqui para me enfrentar. Foi aquela confusão e de repente subiu um baianinho e disse:

— Seu Waldick, sou seu fã, tenho todos os seus discos, mas vim aqui dizer pro senhor, que eu sou homem.

Foi só ele dizer aquilo, para o Waldick meter porrada no rapaz, que apanhou até dizer chega, com a plateia aplaudindo e gritando. E depois ele disse:

— Tem mais algum homem aí?

Até que uma mulher gritou:

— Já que não tem homem aqui, eu vou subir aí.

— Em mulher não se bate — disse Waldick. Tirou uma rosa que ele sempre levava na lapela do paletó e deu para a mulher. E o povo aplaudia.

Não sei se é verdadeira essa história do Waldick Soriano, mas foi assim que o contratante nos contou. Quanto a nós, eu e Silvinha ficamos hospedados na casa do garimpeiro mais rico. Curiosamente, era tão baixa que eu, para entrar pela porta, tinha que me agachar. O banheiro era uma lata dependurada com uma torneira e a água era fria. Mas as pessoas nos trataram muito bem.

O galpão estava lotado. Entramos para cantar e foi um sucesso. Quando chegamos à "Ave-Maria no morro", muita gente chorava. Eu e Silvinha ficamos contentes, pois não esperávamos tamanha recepção por parte de gente tão simples, acostumada a outro estilo de música mais popular do que a nossa.

Voltamos do show e nos juntamos aos músicos, para jantar. Então meu irmão Aurino chegou com ar preocupado.

— Preciso falar com você. O Zé do Nô colocou a gente numa fria. Não vai dar para a Silvinha fazer esse segundo show. O lugar não é um clube e sim um inferninho na zona.

— Que brincadeira é essa? Temos que cancelar este show imediatamente.

— Não é simples assim. A casa já está lotada, todas as mesas vendidas e a aparelhagem já esta montada.

— Tem que ter um jeito. Eu não sou preconceituoso, mas a Silvinha não canta neste ambiente.

Estávamos todos tensos. Já ia anoitecendo quando chegou um forasteiro, com o Zé de Nô. Um rapaz alto e magro, que tinha um dente de ouro e parecia um cigano. Poderia nos ajudar, disse o Zé.

— Se a sua mulher não vai aparecer no show, você também não deve cantar — explicou o rapaz —, ou vai ser pior ainda. Todo mundo quer ver a cantora e o clima vai ferver.

— E como a gente faz então? — perguntei, preocupado.

— A gente podia apagar a luz. Aí, o seu pessoal vai tirando a aparelhagem no escuro e colocando no ônibus. Ah, antes disso, deixe o ônibus já manobrado, porque talvez vocês tenham que sair às pressas.

Ele ficou pensativo por alguns instantes e continuou:

— Só tem uma coisa. Preciso que vocês me deem uma carona. Se descobrirem que fui eu que ajudei, estarei morto.

— Por que você está nos ajudando?

— Porque eu assisti ao show de vocês e fiquei fã. Segundo, porque vocês foram inocentes em aceitar fazer este show, a barra por aqui é pesada mesmo. Eu, que não sou daqui, já vi três pistoleiros de aluguel, sentados naquelas mesas.

— Como você sabe que eram pistoleiros de aluguel?

— Cascavel conhece cascavel.

Quando ele falou aquilo, eu me dei conta do tamanho da enrascada em que estávamos. Mas não tinha outro jeito. A gente precisava mesmo daquela ajuda, custasse o que custasse.

— E quanto tenho que pagar? — perguntei.

— Só uma carona.

— Fechado. Vamos fazer conforme seu plano.

Começou a operação. Desligaram a luz e começaram a retirar os equipamentos, que iam sendo colocados no ônibus. O mais difícil foi o motorista conseguir manobrar o ônibus. O espaço era muito apertado e ele fez mais de cinquenta vezes a manobra, para a frente e para trás, até conseguir ficar de frente para a saída. Depois que todos os equipamentos tinham sido embarcados, o ônibus se mandou com os músicos e toda a equipe. Porém, o Zé de Nô ficou incumbido de dar a notícia ao público. Pensamos no que ele ia dizer. Ensaiou conosco, tomou coragem e encarou a plateia ansiosa:

— A falta de energia elétrica provocou um curto-circuito que queimou os equipamentos. Por isso, o show teve que ser cancelado e o dinheiro dos ingressos vai ser devolvido.

Um valentão, ao ouvir essa explicação, segurou o Zé e disse:

— Eu posso até não ver o show, mas a cantora eu quero ver, ou você não sai vivo daqui.

— Mas... ela até já foi embora... — gaguejou o Zé, tentando argumentar.

— Então se considere um homem morto.

Enquanto isso, eu estava com tudo pronto, só esperando o Zé de Nô e o moço do dente de ouro. O Aurino, meu irmão, todos os músicos e a equipe já desciam morro abaixo, no ônibus. Eu já estava impaciente quando o Zé chegou e me explicou que o valentão queria ver a cantora.

A Silvinha já estava no jipe. O Zé foi até lá com o valentão e mostrou:

— Olha aí. Esta é a cantora, então podemos ir.

— Nada disso! Quero que ela desça do jipe — exigiu.

Ao ouvir isso, o sangue subiu na minha cabeça. Parti para cima do homem com tanta fúria que ele nem teve tempo de reagir. Em poucos segundos imobilizei os dois braços do valentão e gritei para o Zé:

— Desarme o homem!

O Zé vacilou e o homem que nos ajudou, o tal do dente de ouro, muito rápido tirou o revólver dele e jogou longe. Em seguida, gritou:

— Pode soltar! Agora o homem é meu e vou sangrá-lo. — Então se dirigia ao valentão derrotado. — Mas antes peça desculpas à dona Silvinha.

Eu pedia ao nosso defensor:

— Pelo amor de Deus, amigo, não faça isso.

Fiquei insistindo, até que ele resolveu soltar o cara. Mas não sem antes lhe dar bons pontapés.

Entramos no jipe e descemos a serra, bem rápidos. Silvinha ficou apavorada:

— Este homem virá atrás de nós.

— Quem era aquele valentão? — perguntei ao homem do dente de ouro.

— Pois é, o cara esteve em minhas mãos e não matei o desgraçado para não complicar vocês. Mas de outra vez ele não escapa.

— Você veio até Minas de Carnaíbas para matar este cara?

— Foi, mas o dia dele vai chegar. Ele matou um fazendeiro em Goiás e correu para se esconder aqui.

Na cidade mais próxima, o homem desceu. Eu quis lhe dar um dinheiro, mas ele disse:

— Não precisa, a carteira do otário estava cheia.

Deu uma risada, mostrando o dente de ouro, e saiu andando. Enfim respiramos aliviados.

Depois disso, é claro que ficamos mais cuidadosos. Mas as turnês passaram a ser uma constante em nossas vidas. Viajávamos o tempo todo, de norte a sul do Brasil e, em cada viagem, uma aventura a mais. Passei a contatar empresários em diversos lugares do país. E a banda ia trocando de músicos.

Na segunda excursão, que foi para o norte do Brasil, os shows iam começar em Fortaleza. O ônibus ainda era o mesmo, mas trocamos de motorista. Era um cara simpático, que gostava de andar com o seu uniforme sempre muito limpo e tinha muito orgulho de sua profissão. Logo, logo, ganhou o apelido de Asa Branca.

O novo motorista só tinha um defeito: não gostava de parar para pedir informação e, por isso, muitas vezes se perdia. Numa dessas situações, estávamos todos dormindo e, de repente, acordei com o ônibus parado e aquele som de selva, grilos cantando, sapos coaxando. Custei para entender o que estava acontecendo. O Asa Branca tinha pegado uma estrada errada, acabou o asfalto e ele foi tocando em frente, sem saber para onde estava indo, mas imaginando que estava certo. Seguiu pela estrada de terra e foi... foi... a estrada se estreitava, até que acabou, e só então ele parou.

— Asa Branca, que loucura é essa, onde é que nós estamos? — dei uma bronca.

— Eu não sei, vim tocando, não tinha outra estrada e de repente a estrada acabou.

— Olhe em que enrascada você nos meteu! Vamos logo tirar este ônibus daqui, antes que apareça uma onça para comer você.

Ele era um bom motorista. Para sair dali, dirigiu mais de cinco quilômetros de ré, até encontrar um lugar para manobrar o ônibus.

A banda que viajava comigo nessa época era formada por Serginho Sá, no teclado; José Álvaro, no contrabaixo; Chico Medori, na bateria; na guitarra, Valtão, o Vassoura; e, na percussão, o Degol, o Baixinho. Estávamos bem entrosados e o show era muito bom. As pessoas elogiavam muito os músicos. Tinha sempre comigo que os músicos que estavam na estrada, pelo menos alguns deles, poderiam gravar comigo. Depois que o Sergio Sá e o Chico gravaram aquele disco, o *Kizumbau*, eles passaram a ser requisitados para gravações com outros cantores e viraram definitivamente músicos de estúdio.

Algum tempo depois, tive de formar outra banda e desta vez resolvi investir numa garotada de pouca idade e muito talento.

PELA ESTRADA

Da minha banda antiga só ficaram o José Álvaro e o Degol. Veio o baterista Franklin, o guitarrista José Eduardo (o Faísca), com dezesseis anos, e o tecladista Fernandinho, também com dezesseis, que foi o arranjador do disco seguinte. Batizei a banda de Prótons. A nossa agenda de shows crescia mais para o sul: quase toda semana estávamos em Santa Catarina, Paraná e Rio Grande do Sul.

Na volta da primeira excursão, na hora de fazer o pagamento para os músicos, o Faísca estava tão empolgado que comentou:

— Mas isto aqui é bom demais! A gente viaja, se hospeda nos melhores hotéis, toca, se diverte pra danar, e ainda ganha dinheiro! Até eu, que sou feio, arrumei namorada!

A RCA queria que eu fizesse um disco mais comercial, fácil de tocar nas rádios. Então, tive que fazer uma média com a gravadora, que sempre me apoiava nos meus projetos. Selecionei um repertório mais comercial, com arranjos menos progressivos. Difícil foi convencer o Osmar Zan sobre a escolha do Fernandinho, então já com 17 anos de idade, como arranjador.

— Desta vez você foi longe demais, Eduardo. O garoto só tem dezessete anos, você não acha que vai faltar experiência?

— Osmar, eu decepcionei você quando apresentei o Sérgio Sá como arranjador?

— Não, mas o Sérgio tinha a assistência do maestro Salinas.

— Osmar, confie em mim, não vou decepcioná-lo.

— Tá bem, mas se você sentir que isso pode comprometer o disco, por favor, me avise.

Começamos a trabalhar nos arranjos e percebi que o Fernandinho estava preocupado.

— Fernandinho, eu comprei essa briga e confio em você. Ninguém vai fazer melhor, porque você sabe o que eu quero.

Começamos a gravar a base em São Paulo e tudo estava indo muito bem. Dessa vez convidei um baterista muito jovem, o Norival, uma máquina tocando (depois o indiquei ao Roberto Carlos, com quem ele toca até hoje). No contrabaixo, José Álvaro estreando em gravação. Todas as bases ficaram prontas. Fernandinho escrevia todos os arranjos para cordas e metais. E eu estava curioso para saber o que iria acontecer. Porém, nesse exato momento em que tudo corria bem, os músicos de São Paulo entraram em greve e tivemos que ir gravar no Rio de Janeiro. Fernandinho e eu zarpamos para lá, chegamos à sede da RCA e fomos direto para o estúdio.

Os músicos iam chegando e o spalla afinava os instrumentos. De repente, ele se virou para mim e perguntou:

— Cadê o maestro?

— O maestro é este aqui — respondi, apresentando o Fernandinho.

O spalla e os outros músicos olharam para o Fernandinho e viram aquele menino de dezessete anos, que parecia ainda mais jovem por ser franzino.

— Este aí é o maestro? — disse o spalla em tom bem irônico.

Foi uma risada geral entre os músicos e o spalla começou a distribuir as partituras. Eu olhei para o Fernandinho, que estava pálido e tremia.

— Fernando, vamos lá, mostra para esses caras quem é você — disse-lhe em voz baixa, olhando bem firme e segurando em seu braço.

A orquestra preparou os instrumentos e o spalla disse:

— Tudo pronto. Vamos lá, maestro.

O Fernandinho não aguentou a pressão e desmaiou. Foi preciso chamar o maestro Severino Filho, que era meu velho amigo. Expliquei o que tinha ocorrido. O maestro olhou a grade muito bem escrita pelo Fernandinho e, de cara, elogiou. Achou muito modernas as inversões de acordes que o Fernandinho escreveu. Pude perceber que os músicos ficaram sem graça, porque realmente ficou muito bom.

De novo uma big band

Tony Osanah, talentoso compositor e multi-instrumentista argentino, foi integrante dos Beat Boys e acompanhou o Caetano Veloso em "Alegria, alegria", no III Festival de Música Popular Brasileira, da TV Record, em 1967. Depois passou a fazer parte da minha banda, frequentava minha casa e começamos a compor juntos. Tocava também com o Raul Seixas. Certa ocasião, o Raul estava diante do microfone e a voz não saía. Então, para não deixar a peteca cair, o Tony começou a cantar. Não era a primeira vez que isso acontecia, mas o público dessa noite ficou enfurecido, ao perceber um sotaque argentino enquanto o Raul fingia cantar. Muitos pensaram que ali não estava o Raul, e sim um farsante. Quebraram o ginásio todo.

O Tony nos apresentou três irmãos uruguaios — Dom Beto, Brenda e Diana — que trouxeram uma força muito grande para a nossa nova banda, composta de Chico Medori (bateria), Eduardo Assad (piano e melotron), Silvia Góis (teclado, vocal e arranjos), Tony Osanah (guitarra), José Álvaro (contrabaixo), Flavinho (trombone), Dagmar (pistom), Nestico (sax), Dom Beto (guitarra e vocal), Brenda e Diana nos vocais, mais a Silvinha, que dividia comigo o repertório. Foi esta, sem dúvida, a banda que mais se afinou comigo.

Voltei a investir no rock progressivo. Apostava nisso e deixava bem claro que era tudo o que eu queria e que não ia escutar ninguém a respeito disso. "Ou vai ou racha!", dizia eu.

Essa era a base da banda que gravou o meu disco *Pelos caminhos do rock* — considerado o mais importante da minha carreira. Comecei a preparar o repertório e jogava tudo na qualidade do disco. Nada poderia falhar. Tinha o apoio total da gravadora.

O presidente da RCA, o meu amigo Gil Beltran, tinha sido chamado para assumir a vice-presidência mundial, nos Estados Unidos. Tinha planos de promover minha carreira internacional, começando pela América Latina, e me colocou entre os cantores prioritários da gravadora para investimento. Como o repertório tinha de ser para o mercado internacional, nada melhor do que me basear nas músicas de autoria de Tony Osanah. Por isso resolvi que o Tony seria o produtor do disco.

Eu precisava de um maestro com experiência internacional e convidei Djalma Melim, para os arranjos de cordas e metais. A cada novo arranjo eu ficava mais contente com o som. Era realmente muito bom. Tivemos participações dos melhores músicos do Brasil, como Hermeto Paschoal (flauta), Capitão (pistom), Dirceu Medeiros (percussão e timbales), Sergio Sá (órgão Hammer e piano), Aristeu (guitarra), Paulo César Barros (contrabaixo), Bolão (sax-tenor), Antenor (guitarra solo), Tony Osanah (guitarra), Chico Medori (bateria), Eduardo Assad (teclado e melotron), Dagmar (pistom), Nestico (sax), Willy Vedaguer (contrabaixo), José Álvaro (contrabaixo), Emilio Carrera (clavinete), Renato (trombone), Silvinha, Diana, Dom Beto e Brenda (vocais). Eu assinei arranjos junto com a Silvinha Góis, Tony Osanah, Djalma Melim e Aristeu. Técnicos de som: Stélio Carlini, G.J. Kibelkstis, Walter Lima, Edgardo e Alberto Rapetti. Todos os profissionais envolvidos — do diretor artístico Osmar Zan, aos técnicos, músicos e produtores — estavam empolgados com o trabalho.

O disco estava em fase de mixagem e a mídia já comentava a respeito. A curiosidade era grande. A capa foi criada pelo Kico, um artista gráfico em grande evidência na época. Tudo era perfeito e ficou ainda melhor quando me telefonou um grande amigo, que eu respeitava muito, o Carlito Maia.

— Eduardo, fiquei sabendo do disco que você está fazendo e gostaria de lhe fazer um pedido, que vai ser também muito bom para você.

— Fala, Carlito! Estou muito contente com a sua ligação e pronto para atender seu pedido. Diz aí.

— Você vai incluir uma música do Chico Buarque em ritmo de rock.

Tomei um susto.

— Carlito, não estou entendendo. O Chico compôs um rock para eu gravar?

— Eu acho que ele não compôs com essa intenção, mas eu imaginei na sua voz, no seu estilo. Você já gravou "Ave-Maria no morro", "Maringá", "Chuá, chuá", "Carinhoso" e outros clássicos brasileiros em rock, agora então vai gravar Chico Buarque de Holanda.

Na época o Chico não tinha composto "Baioque", uma fusão de baião e rock, nem "Jorge Maravilha", nada no gênero. A princípio pensei que o Carlito estivesse brincando comigo. Nesse momento ele começou a contar que a TV Globo estava brigada com o Chico. Não falou o motivo. Só me disse que por esse motivo planejava me fazer cantar um rock de Chico Buarque no *Fantástico*. "Como é que o Carlito vai conseguir isso?", pensei comigo. Mas sempre acreditei no meu amigo e não custava tentar.

— Por mim, tudo certo, Carlito. Qual é a música?

— "Construção".

Quando ele falou "Construção", imaginei o arranjo na hora e me arrepiei todo.

— Que loucura, meu amigo! Muita responsabilidade! Será que dou conta?

— Você sabe fazer isso como ninguém.

— Tudo bem, mas e o Chico? O que vai achar disso?

— Tenho certeza de que ele vai achar ótimo. Pode deixar comigo.

Liguei imediatamente para o Osmar Zan. Fui para o escritório dele, contei o ocorrido e lhe disse que eu precisava urgente de estúdio para gravar "Construção". Osmar me disse que só teria estúdio no outro dia, na parte da tarde. Liguei para a Silvia Góis, pedi que ela fosse para minha casa, sem hora de voltar, porque precisava fazer um arranjo urgente. Convoquei o pessoal da banda para estar no estúdio às 14 horas do dia seguinte. Quando cheguei em casa, Silvinha Góis já estava me esperando. Disse para a minha Silvinha que não atenderia ninguém. Realmente eu tinha já todo o arranjo na cabeça, como se fosse uma mágica, e comecei a passar para a Silvia Góis, que foi escrevendo parte por parte. Lembrei-me dos tempos do Tim Maia e escrevia tudo: a linha do contrabaixo, os metais, a bateria, a guitarra, todos os instrumentos, aproveitando o talento da Silvinha Góis.

Quando o dia estava raiando, tínhamos duas versões. As introduções eram tão boas que resolvemos gravar as duas: uma para "Construção" e outra para "Deus lhe pague". Às duas da tarde já estávamos no estúdio passando os arranjos para os músicos, que assimilavam e curtiam aquilo que estavam fazendo, pois o negócio era muito sério. Depois de um longo ensaio, gravamos as bases e ficamos satisfeitos.

Eu não cabia dentro de mim. Estava achando o disco um arraso. Muito feliz pelo trabalho realizado. Silvinha Góis tinha escrito um arranjo de metais para a música "Na Baixa do Sapateiro", que ficou uma loucura e eu a agradecia toda hora por isso. Completamos as gravações dos instrumentos e foi a vez dos vocais. Depois, coloquei a voz definitiva, o Antenor gravou a guitarra e estava tudo pronto para a mixagem, que demorou mais de 24 horas, pois havia muitos detalhes.

No outro dia, levei esse trabalho para apreciação do Osmar, como sempre fazia. Ele achou que os violinos estavam baixos e que precisavam vir mais para a frente. Na verdade, nem eram violinos e sim melotrons. Vou revelar um segredo meu e do Stélio, que o Osmar nunca imaginou. Ele cancelou uma gravação do Terry Winter, que seria no dia seguinte, para que pudéssemos fazer a nova mixagem. Naquela época não havia o recurso que hoje permite corrigir somente um determinado canal. Seria preciso começar do zero. Ouvimos e ouvimos, um olhando para a cara do outro, e pensamos a mesma coisa: "Está perfeito." Não tinha o que mexer.

— Tenho uma ideia — disse Stélio. — Mas, se vazar, eu vou pra rua.

— É o que eu estou pensando? Não vamos fazer nada e amanhã eu mostro para ele a mesma mixagem?

— É isso aí! Mas, pelo amor de Deus, não diga nada pra ninguém.

— E se ele achar que os violinos ainda estão baixos?

— Duvido. Ele vai achar que está bom.

Para aproveitar o tempo, ouvimos todas as músicas do disco e chegamos à conclusão de que o trabalho valeu. Fui cedo para casa e, no outro dia, voltei para apresentar a música para o Osmar. Não deu outra, ele foi ouvindo e falou:

— Agora sim, ficou perfeito. Parabéns!

Tive vontade de rir e, por outro lado, fiquei aliviado. Osmar Zan era muito competente, mas queria ter tudo em suas mãos e não tinha tempo para parar e ouvir tudo. Assim como qualquer diretor artístico da época, depois de alguns dias ele não mais se lembraria dos detalhes que tinha pedido para serem modificados.

PELA ESTRADA

O disco foi apresentado em reunião para toda a equipe de vendas, diretores de divulgação, divulgadores, assessoria de imprensa, entre outros envolvidos, e foi aprovado por unanimidade. Seria o grande lançamento da gravadora naquele ano. O plano de marketing era completo e não tinha como falhar. O meu empresário na época era o Mário Buonfiglio e já cuidava de toda a nossa turnê. Começaria pelo Rio Grande do Sul, Santa Catarina, Paraná, depois Minas Gerais, Rio de Janeiro, Espírito Santo, Bahia e outros estados do Nordeste e do Norte. Todas as despesas de viagem e estada seriam custeadas pela gravadora.

Em função desse plano, comprei um ônibus Magirus que foi feito especialmente para o Salão do Automóvel, um exemplar único. Uma verdadeira nave espacial. O ônibus era um projeto arrojado muito avançado para a época. Até então, só levava o time do São Paulo Futebol Clube para o estádio. Fiz nele uma pintura linda, enquanto me preparava para a excursão de lançamento do disco. Eu e toda a minha equipe faríamos o show e visitaríamos as rádios, os jornais e programas locais de TV, em todos os lugares.

Tudo parecia perfeito demais, até que recebemos a notícia de que todos os lançamentos estavam suspensos até segunda ordem. Imediatamente liguei para o meu compadre Oswaldo Gurzoni para saber o que havia acontecido. Toda a cúpula da RCA nos Estados Unidos tinha caído, inclusive o meu amigo Gil Beltran, que era vice-presidente. Gurzoni também disse que ele próprio estava sendo despedido: iria chegar um novo presidente para substituí-lo. E nada mais sabia.

— O nosso projeto corre algum risco? — perguntei.

— A ordem é parar tudo, até a chegada do novo presidente — respondeu ele.

Fiquei muito preocupado. Tínhamos data de lançamento no *Fantástico*, na Rede Globo, e vários shows agendados. Tentei falar com o Gil Beltran, mas não consegui. Só restava esperar.

Quando o novo presidente chegou, alguns dias depois, a primeira coisa que ele fez foi cancelar o meu projeto. Mandou embora todas as pessoas ligadas ao Gil Beltran e perseguiu os artistas que o Gil apadrinhava, inclusive a mim. O meu disco saiu sem nenhum plano de divulgação e eu tive que fazer aqueles shows sem verba de divulgação, pagando do meu bolso. Como a excursão de lançamento no Sul já estava toda acertada, não dava mais para cancelar. Tivemos de fazer tudo com prejuízo.

A minha carreira foi interrompida por esse executivo. Talvez ele não saiba o mal que me fez. A partir disso, minha vida mudou muito. É como se, de repente, o mundo desabasse. Tentei segurar as pontas, manter a banda e divulgar aquele que seria o disco da minha vida, por conta própria. Fomos levando com garra e coragem. Lembrei-me do Tim Maia, quando ele foi a São Paulo, para cantar no programa *Jovem Guarda*, e sofreu aquela decepção. Sentia-me também decepcionado e, quando isso acontece, o sangue ferve. Se não fosse pela Silvinha e por minha filha, teria feito uma besteira como Tim pensou em fazer naquela época.

O programa *Fantástico* honrou o que estava agendado. Queríamos apresentar a música "Construção" e a direção do programa queria "San Juan de Porto Rico". Por fim (não sei se o meu amigo Carlito mexeu os pauzinhos) gravaram as duas. O videoclipe de "Construção" foi exibido em um domingo e, duas semanas depois, foi a vez de "San Juan".

PELA ESTRADA

O problema é que as emissoras de rádio queriam tocar, mas eu não estava entre os discos de trabalho da gravadora. O radialista Kaion Gadia, um dos mais famosos na época, que dirigia a rádio de maior audiência, me confessou que um divulgador da minha gravadora o havia procurado para pedir que não tocasse o meu disco, pois eu fazia parte da lista dos artistas com quem a gravadora não renovaria contrato e, portanto, não tinha interesse na execução das minhas músicas.

Foi esse mesmo presidente da RCA que trouxe para o Brasil uma nova forma de divulgação, o famoso jabá (pagou, tocou). Eu contei para o Carlos Imperial o que estava acontecendo comigo e ele começou a descer o pau na RCA e em seu novo presidente. Na sua coluna de jornal e na revista *Amiga*, toda semana saía um artigo falando do jabaculê que corria solto. Um dia, o Imperial foi visitado por um advogado da companhia que "esqueceu" em seu apartamento uma mala cheia de dinheiro.

Imperial ligou para o tal advogado, que disse não ter esquecido a mala; ela foi simplesmente deixada ali. Isso, o Carlos Imperial me contou muito tempo depois. O advogado, por sua vez, quando não mais trabalhava na RCA, tempos depois fez um trabalho para mim. Perguntei-lhe sobre o caso da mala e ele confirmou tudo: era um presente para o Imperial.

Terminou o meu contrato e, como já se sabia, fui dispensado da gravadora. Passei a ser independente. O disco que eu considero o mais importante da minha carreira, infelizmente, passou em brancas nuvens. Poucos souberam dele. Enquanto isso, o brega chegou ao poder, o cafona à mídia e o lamê à moda.

11. SOU FILHO DESTE CHÃO

Passei a andar na contramão. Vendi todo o meu equipamento e comprei o estúdio que era da Odeon em São Paulo. Vendi também o ônibus e fui tirando o pé da estrada: fiquei fazendo shows avulsos, sem grandes excursões. As gravadoras tinham interesse em me contratar e me chamavam para conversar, mas queriam mudar o meu repertório, sugeriam que eu cantasse um repertório brega. Eu não aceitava nada isso. Queria apenas continuar fazendo a minha música. Porém, naquela época ninguém levava a sério um artista independente, sem gravadora.

Surgiu então uma oportunidade tentadora, quando conheci um americano que veio ao Brasil para fazer a iluminação do show do Alice Cooper. Chamava-se Paul Weiss e participava de uma empresa que fazia o circuito universitário americano de música. Grandes músicos, como o Bob Marley e sua banda, foram revelados ao público norte-americano por esse circuito. O Paul gostou do Brasil — gostou principalmente de uma garota brasileira — e resolveu ficar por aqui.

Depois de um show no Teatro Bandeirantes, ele veio ao camarim falar comigo e fez mil elogios. Disse que era um show diferente, muito bom, e que merecia uma iluminação melhor. Respondi que gostaria de conversar mais com ele sobre iluminação e marcamos um encontro juntamente com os irmãos José e Emilio Sacomani, amigos de longa data (eram "os homens de preto" que foram me buscar na fazenda para assinar o contrato com a TV Excelsior, conforme contei no capítulo 6). Eles agora eram donos de uma empresa que fazia a iluminação de nossos shows. A reunião com o Paul Weiss foi uma aula. Nós estávamos mesmo bastante atrasados em técnicas de iluminação.

O Paul montou uma iluminação supermoderna. Com oitenta lâmpadas PAR de mil watts, dois canhões seguidores e peças de ferro-velho, projetou torres de iluminação transportáveis pneumáticas. Em alguns lugares onde fizemos shows, a luz da cidade caía quando ligávamos nossas lâmpadas. Às vezes era preciso desligar a eletricidade de alguns bairros para não prejudicar nossa apresentação.

Se por um lado o Brasil ainda não acompanhava a evolução de equipamentos de luz e som, em nós sobrava energia durante o show. O Paul gostou muito da nossa vibração no palco e perguntou se eu e Silvinha gostaríamos de participar do circuito universitário, nos Estados Unidos.

— Não tem muito dinheiro, mas dá prestígio.

— Paul, você acha que daria certo mesmo com minhas músicas sendo em português?

— Os estudantes gostam de coisas diferentes, não importa o idioma e, em uma ou outra música, você coloca algumas frases em inglês. O som é o mais importante. Tem que ser algo diferente.

— Pois é, o Brasil é muito rico em música e ritmos — comentei.

— É verdade. Seu show tem coisas muito diferentes, como os ritmos da capoeira, por exemplo. — Ele se referia a uma composição de Herivelto Martins e Evaldo Gouveia, "Capoeira", que a gente apresentava com um novo arranjo criado por mim.

Fiquei empolgado e a Silvinha também. Quando o Paul voltou para os Estados Unidos, passamos a nos corresponder. As cartas às vezes vinham em inglês ou já traduzidas pela Rita, sua mulher.

Meu primeiro disco independente

Alguns meses depois viajamos aos Estados Unidos para comprar equipamentos para o estúdio que eu tinha comprado da Odeon, em sociedade com o Zilmar Araújo, um dos melhores técnicos de gravação do Brasil. Lá chegando, como o dinheiro era pouco e não dava para um equipamento novo, conseguimos um usado: uma máquina Scully de oito canais e uma mesa Allen & Heath de dezesseis canais. Se o estúdio já era bom, ficou maravilhoso com esse upgrade. Muitos artistas — como Altemar Dutra, Dick Farney, Cesar Camargo Mariano, Egberto Gismonti e Marlui Miranda —, mesmo contratados de gravadoras que tinham estúdio, preferiam gravar no nosso.

A Continental e a Copacabana Discos passaram a ser nossas clientes assíduas. O diretor artístico da Continental, Cesari Bevenutti, passou a usar o estúdio para todas as suas produções. A produtora Nosso Estúdio, de Walter e Tereza Souza, passou a gravar todos os seus jingles em nosso estúdio, que batizamos de O Templo. Passou a ser considerado o melhor estúdio particular de São Paulo e foi nele que gravei meu primeiro disco independente.

Incentivado por Paul Weiss, comecei a produzir um LP para ser lançado de forma independente nos Estados Unidos, culminando com uma turnê por meio do circuito universitário por todo o país. Formei uma nova banda com músicos que viajariam comigo para lá. Seria importante que eu e a Silvinha nos apresentássemos com uma banda de vanguarda. Procurei músicos com uma musicalidade dinâmica e sofisticada. Para o contrabaixo, contratei o Valdecir, da banda Black Rio. Um verdadeiro gênio. Como guitarrista, veio da Bahia o Luciano, jovem talentoso que eu já conhecia desde meu programa na Excelsior. Ele fazia parte da banda de meninos que tinha Pepeu Gomes como contrabaixista e cantor, e que tinha sido contratada pelo programa. Luciano tinha doze anos quando apareceu pela primeira vez no meu programa, tocando músicas dos Beatles. Na percussão, Formiga e Dinho. Na bateria, Dirceu Medeiros, renomado músico de estúdio e um dos melhores bateristas que conheci. Flauta e sax: Pestana, que já havia tocado comigo na banda Os Bons. Vocal: Don Beto (também guitarrista) e suas irmãs Brenda (Lula) e Diana. Ao teclado e piano, Roberto. E a participação especialíssima de Dominguinhos no acordeom.

Passei a trabalhar com a minha banda para preparar o meu primeiro trabalho independente, enquanto trocava correspondência com o Paul, que estava tentando nos colocar dentro do circuito universitário. Ele esperava pelo nosso novo LP, para convencer os seus sócios da nossa contratação.

O repertório foi feito totalmente em função dos arranjos criados com o baterista Dirceu Simões e com o Luciano, que ganhou o apelido de Lugita e até hoje é conhecido com esse nome. Quem o trouxe para São Paulo foi meu amigo Chocolate da Bahia, que a meu pedido tinha antes visitado as ilhas próximas de Salvador e os terreiros de candomblé, onde gravou diversos ritmos e cadências, como a capoeira, a angola e o baião pé de serra. O ritmo que mais chamou a nossa atenção foi o opanijé, cadenciado e envolvente.

Para despertar atenção nos Estados Unidos, teríamos que mostrar algo inovador, mas sem perder a característica do meu rock'n'roll. Foi difícil, mas depois de muito ensaio, o repertório estava pronto. Procurei explorar ao máximo o potencial de cada um da banda e fizemos um trabalho até hoje atualíssimo. O nome da faixa que abre o disco dava nome ao LP: *Sou filho deste chão*. A capa foi elaborada pelos artistas Jan e Gustavo Matula.

Como o estúdio prestava serviço para a Copacabana, não foi muito difícil acertar o lançamento pela Beverly, um selo da gravadora. Mas fiquei muito frustrado quando ouvi o resultado do nosso trabalho: o som perdeu muito na masterização e no corte. Perdeu volume e graves. Depois é que fiquei sabendo que a máquina de corte era novinha e o primeiro disco que iria ser cortado era o meu. O técnico de corte ficou com medo de queimar a cabeça da máquina, que custava uma fortuna, não deu a potência máxima e, com isso, o LP perdeu volume e, consequentemente, os graves. Mas, como o disco seria cortado nos Estados Unidos para lançamento, eu estava tranquilo. A fita foi enviada para o Paul, que a apresentou em reunião na empresa e foi aprovada por unanimidade. O Paul enviou uma carta informando que mandaria em breve o contrato de trabalho, por intermédio do consulado.

Juro que me deu um frio na barriga. Começamos a nos preparar para a nossa mudança, o contrato chegou e estava tudo certo, quando de repente fui surpreendido com a gravidez da Silvinha. Era um contrato rigoroso: tínhamos que viajar por várias universidades americanas, com folga somente aos domingos.

Comecei a pensar junto com a Silvinha o que seria melhor para o nosso filho, já que a Mônica, ainda muito novinha, também seria sacrificada com a mudança. Depois de muito pensar, resolvemos que o melhor seria abandonar o projeto do circuito universitário nos EUA, pois a família estava em primeiro lugar. Era mais importante, para nós, do que a carreira. Sei que essa experiência internacional nos levaria a uma posição muito acima do que alcançamos, mas nunca nos arrependemos da nossa decisão.

Comprei um novo ônibus, um Scania de luxo, leito, superequipado, e novamente botamos o pé na estrada, fazendo shows em inúmeras cidades. O repertório era uma mescla dos últimos três LPs: *Kizumbau*, *Pelos caminhos do rock* e *Sou filho deste chão*. A nova banda tinha Luciano na guitarra, Lanny no baixo, Manito (ex-Incríveis) no teclado, Billi Beicon na bateria e, eu, na guitarra. O som, pesado e nervoso, agradava a moçada. Porém, à medida que a gravidez avançava, passei a ir sozinho com a minha banda. Nesse período Silvinha começou a se dedicar à publicidade e passou a ser a cantora mais solicitada do Brasil para cantar jingles de grandes anunciantes.

Nessa época, juntamente com outras bandas, participei de vários festivais. Um deles, inesquecível, foi o primeiro Camboriú Rock, em Santa Catarina. Um mar de gente na beira da praia. Um palco gigantesco para a época. Aparelhagem, iluminação, tudo foi de primeira, menos o pagamento, pois o organizador do evento fugiu com todo o dinheiro.

Meu sócio Zilmar Araújo me disse que a Copacabana Discos estava interessada em comprar o nosso estúdio. Isso me deu uma dor no coração, era algo que eu amava muito, mas Zilmar argumentou que a concorrência estava muito grande, que ele estava disposto a vender, e terminou me convencendo. E o estúdio foi vendido. Como eu estava para gravar mais um LP, fiz constar no negócio que eu teria horas de estúdio para usar. Vendemos o estúdio O Templo, que foi rebatizado com um nome muito brega: Dó Re Mi.

Eu estava mais uma vez pesquisando o que queria fazer em matéria de música, quando um amigo, Getúlio, técnico de som, me falou sobre o Power Station, um estúdio de última geração, em Nova York. Procurei gravações e constatei que as melhores eram feitas exatamente naquele estúdio. A sonoridade era algo bem acima da média, as mixagens eram realmente de alto nível. Queria tentar fazer aquele som. Chamei o Getúlio e perguntei se ele conseguiria tirar aquele som em nosso estúdio. Ele disse que sim, desde que a mixagem fosse no Power Station e a masterização, na Master Disc Corporation.

Decidi que gravaria no Dó Re Mi e que iria para Nova York fazer a mixagem no Power Station. Resolvi também que este disco seria feito em dupla com a Silvinha, portanto teria de ser todo pensado nesse sentido. Convidei meu velho amigo maestro Valdir Arouca Barros, que escrevia conforme eu imaginava. Era ótimo trabalhar com ele.

Por intermédio do meu primo Landulfo Caribé, que era prefeito de Jequié, na Bahia, conheci o artista plástico Lula Martins, que estava morando em São Paulo. O cara era um verdadeiro poeta, muito amigo do Paulinho Boca de Cantor e do Galvão, dos Novos Baianos. Fizemos uma grande amizade. Convidei-o para cuidar da capa do disco e para fazer comigo as letras de algumas músicas que eu já havia composto. Ele me deu uma grande força para que este disco tivesse um lado intelectual satírico, que tinha tudo a ver com minhas ideias.

Esquema de produção definido, composições e arranjos em andamento, agora eu me via novamente diante do desafio de escolher os músicos para fazer parte desse novo LP. Tive a ideia de juntar a experiência de profissionais que já tinham trabalhado comigo e a criatividade dos talentos da nova geração. Para os metais convidei Hector Costita (sax-alto, tenor, barítono, soprano, flauta e clarinete), Jerico (pistom), meu velho amigo Capacete (trombone-baixo, trombone e também contrabaixo), Dirceu Simões (bateria e timbales), Roberto Bomilcar (piano Fender e piano acústico), Edson Alves (guitarra-base e solo e violão de doze) e Formiga (tumbadora), além dos músicos convidados Luis Sérgio Carlini e Mozart Mello (guitarra-solo) e Jota Resende (Moog).

O maestro Waldir Arouca passou alguns dias comigo copiando as músicas para a partitura.

— Escreva tudo, maestro — pedi —, senão vamos ter muitas ideias próprias e o trabalho perde o sentido.

Isso eu tinha aprendido com o grande Tim Maia, quando gravamos juntos. Waldir escreveu tudo, nota por nota, para cada instrumento, da bateria ao baixo. Se alguma coisa não estava bem, modificávamos na hora e corrigíamos na partitura.

Fizemos um contato com o Power Station, fomos para Nova York e no dia seguinte, às nove da manhã, lá estávamos com nossas fitas. Fomos muito bem recebidos pelo técnico Neil Dorfman, engenheiro número um do estúdio. Quase caí duro quando vi a mesa e os equipamentos. O Neil nos explicou que precisava fazer uma avaliação das fitas para ver se a qualidade era compatível com a marca Power Station. Se não fosse aprovado, ele indicaria outro estúdio. Enquanto esperava uma resposta, fiquei apavorado. Nós ali aguardando e demorava, demorava, até que entrou um rapaz com as fitas. Em seguida veio o Neil com a boa notícia: nosso material era compatível com o padrão do Power Station.

Fiquei feliz com o resultado da mixagem e achava que, de volta ao Brasil, teria um reconhecimento pelo meu esforço e pelo pioneirismo. Porém, isso não aconteceu. Procurei diversas gravadoras, mas elas não se interessavam nem em ouvir o meu trabalho. Procurei um velho amigo na Som Livre, o Rubinho, diretor de vendas, e fui encaminhado ao João Araújo. Ele gostou do trabalho e se interessou em lançá-lo, porém fazia uma exigência: queria que eu tirasse do disco a faixa "Lança menina", uma sátira que fazia alusão à música "Arrombou a festa", grande sucesso de Rita Lee naquele ano de 1980. Como a Rita era da mesma gravadora, eles achavam que minha brincadeira pegava pesado, a Rita poderia não gostar e, por isso, seria prudente tirar a música. Eu não quis nem discutir: sem aquela música, não assinaria contrato. Hoje faria diferente: eu tentaria até procurar a Rita para que ela interferisse a meu favor, já que era uma brincadeira sobre outra que ela havia feito citando os nomes de vários artistas da MPB; acho que ela não se importaria.

Finalmente, depois de andar de gravadora em gravadora, fizemos parceria com a Fermata, que não tinha nenhuma estrutura de divulgação e distribuição, mas foi o que consegui. O proprietário, Enrique Lebendiger, contratou dois divulgadores para o lançamento do disco. Um deles era o Cleiton Gadia, irmão do Cayon Gadia, diretor da Rádio Difusora. O disco saiu, teve coquetel de lançamento e foi bem recebido pelos radialistas, que começaram a tocá-lo.

A música mais tocada era exatamente "Lança menina"! Para a minha alegria, a rádio FM de maior audiência na época começou a tocar a música quatro vezes por dia. Era a mais pedida da programação, quando de repente parou de tocar. O Cleiton me disse que tinha acontecido um problema: o dono da emissora mandou tirar a música da programação. Indignado, fui procurá-lo e ele me recebeu friamente.

— Esse disco é muito importante para minha carreira. Por que a música saiu da programação da rádio? — perguntei.

— É verdade, eu mandei tirar — respondeu.

— Você não gostou da música?

— Nada disso, gostei muito.

— Então dá esta força, estou precisando, o disco é praticamente independente e eu preciso que ele toque na sua emissora...

— E o que eu ganho com isso?

Insisti argumentando e várias vezes ele fez a mesma pergunta: "O que eu ganho com isso?" Eu era muito inocente, achava que o disco era bom, que a rádio tinha que tocá-lo, inclusive porque os ouvintes estavam pedindo, e não conseguia entender por que tinha sido tirado da programação. Mas hoje eu entendo que ele queria um "jabá".

Estranhamente, as outras emissoras também pararam de tocar as músicas do meu disco. Só muitos anos depois, fiquei sabendo que os diretores das principais rádios costumavam jantar juntos e decidiam o que tocar. Mais uma vez, um trabalho tão bem-feito, e com tanto amor, ficou impedido de chegar às paradas de sucesso. Tudo porque eu não quis entender uma pergunta tão direta: "O que eu ganho com isso?"

Mesmo não conseguindo uma boa divulgação do disco nas emissoras de rádio, tivemos um forte apoio do querido amigo Chacrinha, que dominava a audiência da TV, com seu programa na Rede Globo.

O meu disco *Rebu geral*, apesar de não ter sido sucesso de vendas por causa das circunstâncias que narrei, trouxe prestígio para mim e para a Silvinha. Principalmente nas cidades onde fizemos shows para divulgá-lo, os jornais publicaram boas matérias elogiando a nossa performance no palco. Mas foi uma época difícil. A música sertaneja estava bombando em todo o interior do país e o espaço para a nossa música diminuía cada vez mais. Mesmo assim, entre trancos e barrancos, a gente ia se aguentando. A Silvinha, firmada como cantora de jingles, além de fazer backing vocal nas gravações de cantores e duplas de sucesso momentâneo, faturava bem e segurava todas as barras. De vez em quando eu vendia um cavalo. E assim fomos levando a vida.

Meu caminho é de paz e amor

Com o tempo e com o nascimento de meu segundo filho, Eduardo, comecei a achar que estava velho para o rock e muito jovem para morrer. Passei a pensar nas origens do ser humano, comecei a ler filosofia e a buscar o Criador de tudo isso. Lia, lia, de Lobsang Rampa a madame Blavatsky, e queria mais. Minha busca tornou-se incessante: eu precisava achar o verdadeiro caminho da espiritualidade.

Procurava nos livros por algum guru que pudesse me orientar. Mas sempre esbarrava na dúvida: será que estou indo no caminho certo? Buscava a verdade absoluta e sempre esbarrava em algo que não me satisfazia plenamente. Queria mais, questionava tudo e não concordava com muitas verdades e princípios que só levavam a fanatismo e dogmas. Via os seguidores de algumas religiões como uma manada de bois seguindo um cego que não tinha respostas para nada. Passei a observar que tudo estava no relativo, na verdade de cada um, enquanto eu me perguntava: onde está o absoluto? Quem sou eu? O que estou fazendo aqui? De onde vim? Para onde vou? "Deve haver algo que encaixa com o que eu sou", pensava a todo momento. Queria algo que fosse pleno, sereno, que tivesse paz, amor, temperança, luz, uma verdade eterna e absoluta. Pedia a Deus que me orientasse. Angustiado no meio dessa busca, cheguei a gritar: "Pai, me mostre o caminho!"

Observando os músicos da nossa banda, percebi em um deles algo diferente da maioria das pessoas que me rodeavam. Ele tinha um olhar sereno e suas palavras eram sempre de otimismo e de bondade. Era o Albino Infantozzi, um dos melhores bateristas que já conheci. Comentei isso com a Silvinha e ela concordou:

— É verdade, ele é sereno, nunca se atrasa, não fala mal de ninguém...

— Você já reparou que ele não joga conversa fora nem fala palavrão como os outros?

— ... e sempre tem uma palavra amiga, um ar de quem sabe o que quer — completou Silvinha.

Um dia foi uma moça a nossa casa, vendedora de joias, e a convidamos para jantar. Ela disse que não podia porque estava fazendo um curso. Perguntei se era curso vestibular, algo assim, e ela respondeu.

— É um curso de desenvolvimento da mente. Eu estou muito no princípio e não saberia explicar muito, mas se vocês se interessarem posso apresentar um rapaz que é músico e que já está no curso mais avançado. Ele vai poder falar melhor que eu.

— Músico? Qual é o nome dele?

— Ah, ele é baterista. Chama-se Albino.

— Albino Infantozzi? Ele toca conosco!

Algo me dizia que Deus estava atendendo aos meus pedidos de orientação para encontrar o que tanto buscava. Liguei para o Albino imediatamente.

— Por favor, me fale sobre esse curso que você está fazendo. O que é isso?

— Eduardo, neste exato momento estou me preparando para ir ao curso, mas antes passo aí para falar um pouquinho com vocês.

Quando Albino chegou, o seu semblante refletia felicidade. Disse que aquele era um dia especial para ele e nos perguntou:

— Vocês já ouviram falar na Pró-Vida?

Não tínhamos ouvido falar.

— O fundador da Pró-Vida foi um médico chamado Celso Charuri, que acreditou ser possível, desde já, a construção de um mundo melhor, a partir da ampliação da consciência das pessoas. Para isso, desenvolveu um método, criou essa instituição e passou a ministrar cursos de desenvolvimento e treinamento mental, que trazem benefícios concretos e conhecimentos importantes para a nossa vida.

— Eu quero fazer esse curso — respondi imediatamente.

— Que bom, Edu, eu sabia! Estava apenas esperando o seu chamado.

Combinamos um encontro no dia seguinte e fomos à Pró-Vida. Seguindo o carro do Albino pelas ruas de São Paulo, durante todo o tempo eu olhava um decalque no seu vidro traseiro. Era um triângulo com a seguinte frase: "Se você estiver preparado, uma força maior o levará à Pró-Vida." Parecia ter sido escrita para mim.

Lá chegando, ele nos apresentou aos diretores, alunos e monitores. Na secretaria, fizemos inscrição para o próximo curso, que iria começar poucos dias depois. No primeiro dia de aula, senti que tinha chegado ao lugar certo e que em breve poderia ter certeza disso.

Eu estava com alguns problemas financeiros e usei as técnicas que aprendi no curso básico. Em pouco tempo fui encontrando soluções concretas, que dependiam principalmente de minhas próprias atitudes. Não gostaria de falar sobre os cursos da Pró-Vida, onde fiquei por oito anos, mas preciso dizer que aqueles conhecimentos e técnicas foram fundamentais para que eu encontrasse o meu caminho. Ajudaram-me a ser o que sou hoje, carregando a minha própria escada e subindo um degrau a cada vez, mas subindo sempre. Felizmente já posso responder àquelas perguntas que martelavam minha cabeça: "Quem sou? De onde vim? Onde estou? Para onde vou?"

Foi exatamente nesse período que fiquei conhecendo o José Maurício Machline, que era vice-presidente do Grupo Sharp, além de realizador do Prêmio Sharp de Música Brasileira, e tinha criado a gravadora Pointer. Uma pessoa amiga o procurou sem que eu soubesse, falou que estávamos sem gravadora e perguntou se ele gostaria de marcar uma reunião para conhecer. Ele nos recebeu em sua casa e nos deixou inteiramente à vontade. Em certo momento pediu que Silvinha cantasse, à capela mesmo, e ela cantou uma música do Steve Wonder, que tinha sido gravada pela Gal Costa. José Maurício ficou impressionado:

— Como é possível uma cantora como você estar sem gravadora? — perguntou.

— É... o Brasil está assim, né?...

Ele me interrompeu e foi direto:

— Está contratada! E amanhã mesmo vamos escolher repertório, vamos começar a gravar sem demora.

Antes que um de nós respondesse, ele se virou para mim e disse:

— E você também! Contrato os dois. Vocês agora são artistas da Pointer. Logo que ficar pronto o disco dela, começamos a produzir o seu. Tá bom assim?

Melhor, impossível. A gravadora de Machline tinha um padrão de qualidade notável, desde a pré-produção até a divulgação. No lançamento dos discos da Silvinha (um compacto duplo em 1983 e, no ano seguinte, o LP *Grita coração*), ela foi entrevistada em todas as redes de TV e fez um especial na TV Cultura que marcou época. Esse disco fez com que ela finalmente se posicionasse no circuito musical como uma das maiores intérpretes brasileiras.

O título do meu disco, *Nunca deixe de sonhar*, lançado em 1985, tinha tudo a ver com aquele momento que estávamos vivendo. Bastante envolvido na Pró-Vida, quis passar mensagens filosóficas, ligadas ao que eu vinha descobrindo lá, e não tinha apelo comercial. Albino Infantozzi me ajudou a reunir os músicos, todos integrantes da Pró-Vida, como Celso Pixinga, Don Beto, Luís Lopes e o Pedrão, irmão de Albino.

José Maurício tornou-se um grande amigo e chegou a ser meu parceiro em uma composição ("Nos dias de hoje"). Mas sua Pointer não durou muito tempo. Ele quis fazer a melhor gravadora do Brasil, apostou todas as fichas em uma empresa bem estruturada, com artistas de peso e tudo o mais. Todas as portas se abriam, o nosso prestígio estava em alta, mas a economia do país ia mal, o mercado fonográfico estava em crise, e mais uma vez ficamos sem selo.

SOU FILHO DESTE CHÃO

O maior radialista brasileiro

Se o Paulo Lopes tocasse, era sucesso. Assim se dizia no meio musical, sobre a importância do radialista mineiro que já fazia sucesso desde 1969, em Belo Horizonte, e depois comandou por quinze anos um programa de grande audiência no Rio de Janeiro. Nessa época ele ainda estava no Rio, antes de se mudar para São Paulo, onde fez durante catorze anos um programa diário que chegava a milhões de ouvintes.

Todos diziam que não era fácil ser recebido em seu programa. Isso era um privilégio para poucos. Só que eu era um desses poucos e não sabia. Um dia, alguém do meio me disse que o Paulo Lopes era meu fã e que gostaria de nos receber em sua casa de campo, em Petrópolis, num fim de semana. Foi uma ótima surpresa. Mas pensei comigo: "Será que ele tem coisas importantes para me falar? Ou apenas quer conhecer de perto um velho ídolo do passado?"

Peguei o carro, com a Silvinha e meus dois filhos, e fomos encontrar o novo amigo. Fomos recebidos com todo o carinho pelo Paulo Lopes, sua esposa América e suas filhas gêmeas, lindas. Ficamos muito à vontade como se estivéssemos em nossa própria casa. Sentimos, tanto eu como a Silvinha, que realmente ele tinha uma ligação espiritual conosco.

Contou-me toda a sua vida, a sua luta, quando começou numa emissora de rádio em Juiz de Fora, no interior de Minas Gerais. Falou que nessa época já gostava muito de minhas músicas, e que nem conseguiu ficar com raiva quando me casei com a Silvinha, porque ele a achava o máximo e ficava babando pelas pernas dela. A sua esposa América, dando gargalhadas, confirmou o fato.

Falou sobre a sua ida para Belo Horizonte, onde fazia um programa na emissora afiliada à Rádio Globo. Eram tempos duros, de ditadura militar, e involuntariamente ele acabou sendo uma vítima de brutalidades. Estava fazendo seu programa e noticiou uma batida de trânsito, envolvendo um coronel do exército brasileiro, que abusou de sua autoridade e mandou recolher o carro que colidira com o dele, além de prender o motorista. O Paulo, em seu programa, relatou o ocorrido, informando o nome do coronel e repudiando o abuso. Não deu outra: foi preso imediatamente como terrorista.

Contou-me então o terror que passou, depois de ser recolhido a um quartel, onde permaneceu por vários meses, sem motivo e sem direito de defesa. O coronel queria que ele se confessasse comunista. Paulo recusou-se a fazer o que ele ordenava e ouviu ameaças de morte.

— Resolvi que amanhã, às onze horas, o senhor vai morrer.

— Pelo amor de Deus, seu coronel, eu tenho filhos para criar — implorava Paulo. — Foi sem querer que fiz aquele maldito comentário no programa!

— Mentira, seu comunista! Nós já estamos monitorando o senhor e acompanhando os seus atos terroristas há muito tempo!

— Deve haver um engano, eu sou apenas um radialista! Pelo amor de Deus, me solta! — dizia Paulo, já em prantos e pensando em sua família.

— Não adianta, o senhor vai morrer amanhã na hora marcada por mim. — Então chamava um soldado e ordenava: — Pode recolher este elemento!

SOU FILHO DESTE CHÃO

De volta à cela, o coitado do Paulo ficava apavorado. Nem conseguia dormir. Só rezava. Pedia a todos os santos, que o protegessem.

Na hora marcada, o soldado apareceu e falou:

— Está na hora, seu Paulo, o coronel mandou buscá-lo.

E lá ia o Paulo, pensando: "A minha hora chegou."

Quando chegava diante do coronel, a pressão continuava:

— Como eu lhe falei, hoje é o seu dia...

O coronel fazia então uma pausa, antes de prosseguir.

— ... mas posso amenizar, desde que o senhor assine a confissão.

— Coronel, eu não posso assinar o que eu não sou — respondia Paulo. — Tenha pena de mim, pelo amor que o senhor tem aos seus filhos!

O coronel demonstrava irritação e se dirigia ao soldado:

— Pode levar e execute esse comunista!

Paulo ia sendo levado pelo corredor do quartel por um grupo de soldados armados. "É agora. Acabou", pensava ele.

Fiquei apavorado só de pensar na sádica tortura mental que o Paulo passou. Foi salvo porque trabalhava na Rede Globo e o doutor Roberto Marinho intercedeu por ele, na alta cúpula do governo. Posto em liberdade, teve que se mudar para o Rio de Janeiro, pois foi ameaçado de morte pelo tal coronel, que era realmente um louco e que, tempos depois, cometeu suicídio.

A mudança de Paulo para o Rio de Janeiro acabou sendo muito positiva para ele. Seu programa fez muito sucesso e, em pouco tempo, ele tornou-se o radialista mais bem pago do Brasil.

Contei a ele também um pouco da minha história, inclusive as dificuldades do momento que estava vivendo, e comentei que pensava seriamente em parar de cantar e gravar.

Ele reagiu com veemência:

— Não! Um cantor como você não pode ficar sem gravar! Vou procurar uma gravadora para você — respondeu ele.

Foi um fim de semana dos melhores que eu e minha família tivemos. Voltamos para São Paulo agradecendo a Deus pela nova amizade. Algumas semanas depois, o Paulo Lopes me ligou para que eu entrasse em contato com a diretoria da CBS, que eles iriam me contratar. Entrei em contato e logo depois me enviaram uma passagem para que eu fosse ao Rio, assinar o contrato.

Na contramão

Fiquei contente, pois teria uma gravadora de peso. Nessa época os cantores Zé Ramalho e Elba, paraibanos, e Fagner e Amelinha, cearenses, estavam na proa do sucesso e seus discos eram executados em todas as rádios. Eu imaginava que o mesmo poderia acontecer comigo. Eu iria deslanchar novamente a minha carreira e não podia decepcionar o meu anjo da guarda Paulo Lopes.

A reunião na CBS estava marcada para as onze da manhã. Alguns minutos antes eu já estava lá, mas o porteiro me disse que não tinha chegado ninguém. Argumentei que haviam marcado comigo às onze, para assinar um contrato. "Não seria às onze da noite?", perguntou-me com um sorriso.

Sentei e fiquei esperando. Depois de algum tempo liguei para o Paulo e disse que já estava na CBS e que estava aguardando, pois não havia ninguém.

— Não se preocupe, Eduardo, aqui no Rio é assim mesmo. Se você quiser, pode vir almoçar comigo e depois você volta aí.

Agradeci, mas disse que ia esperar, porque de repente podia aparecer alguém. Meu senso de responsabilidade falou mais alto, mas eu não podia imaginar que a secretária do tal diretor só chegaria às duas da tarde. Cordialmente, me disse que eu teria de esperar, pois somente o diretor sabia do assunto.

— E quando ele chega?

— Ontem teve uma festa da gravadora e não sei a que hora ele vai chegar.

— Será que não é bom você ligar para ele?

— Não posso fazer isso, ele pode ainda estar dormindo.

Fui comer alguma coisa e, quando voltei, havia mais alguns funcionários, mas não o diretor. Por volta das quatro da tarde ele chegou, mandou logo que eu fosse para sua sala e pediu que alguém fosse providenciar o meu contrato.

Enquanto isso, assinava alguns papéis que a secretária colocava à sua frente. Ele perguntava por alguém que nunca chegava e parecia estar precisando muito dessa pessoa, porque pediu à secretária que tentasse localizá-lo. Eu esperava que ele me perguntasse sobre o que eu gostaria de gravar, mas ele não largava o telefone, falando com um e outro sobre o sucesso da festa, enumerando as pessoas importantes que tinham ido, e eu ali, feito uma besta. Até que a secretária entrou com o contrato, ele assinou e passou para mim. Enquanto eu lia, saiu da sala e não voltou mais. Assinei o contrato, a secretária me explicou que ele tinha entrado em outra reunião, e voltei para São Paulo totalmente decepcionado.

No avião, recordei como foi diferente quando assinei o meu primeiro contrato. Fotógrafos, coquetel, parabéns e tudo o mais. Naquele momento, porém, eu me sentia o próprio cocô do cavalo do bandido. Em casa, contei à Silvinha e ela não queria acreditar. Passaram-se alguns meses e alguém da gravadora me ligou, pedindo que eu mandasse duas músicas numa fita cassete para o maestro fazer os arranjos.

O maestro era o Eduardo Souto e o produtor era um velho amigo, Fernando Adu. Ele viajou para São Paulo e lhe mostrei as duas músicas. Uma delas, "Amazônia", que fiz em parceria com Tony Osanah, foi a primeira música gravada em defesa do rio Amazonas. A outra, de autoria do Tony Osanah, era "Esteira de vime".

Um dia marcaram a gravação e lá fui eu para o Rio de Janeiro. Cheguei na hora marcada, nove da manhã, mas somente às 13h chegaram os músicos e o produtor. Porém, nada do maestro. Sem ele, Adu chamou os músicos e resolveu fazer os arranjos de improviso. Eu não conhecia o maestro, que era famoso, e não sabia se teríamos ou não afinidade naquele trabalho. Talvez tenha sido até melhor fazer sem ele, mas isso me fez sentir-me novamente desprestigiado e desrespeitado. Junto com os músicos, em grande parte da banda Roupa Nova, criamos um arranjo muito bonito para a música "Amazônia". A outra, eu mesmo tinha gravado em São Paulo.

Visitei um velho amigo que trabalhava na CBS como divulgador, o Vidal, para saber quando o meu disco seria lançado. Algumas semanas depois ele me ligou, informando que o disco acabava de chegar e que tinha alguns exemplares para mim. Fui até a gravadora e perguntei sobre o plano de divulgação. Meio desconcertado, ele disse que ia ver, mas achei que ele estava sabendo de alguma coisa e não queria me dizer. Depois tomei conhecimento, por um radialista amigo, que eu não constava na lista da gravadora e, portanto, não teria execução em rádio alguma.

O Paulo Lopes, ciente disso, quis brigar com o pessoal da gravadora, mas eu disse que era melhor deixar para lá, já que nunca fui bem recebido por eles, desde o primeiro momento. A CBS fez o contrato comigo apenas para atender a uma imposição do Paulo. Aprendi muito com isso.

Foi uma fase muito difícil. As emissoras de rádio FM só tocavam música americana e, quando tocavam algo brasileiro, era o jabá que rolava solto. Eu não estava acostumado com isso, pois ainda acreditava, ingenuamente, que a arte estava acima de tudo. De vez em quando aparecia um show para a gente tocar, mas o público não tinha nada a ver com a nossa música. As pessoas queriam ouvir coisas que eu não tocava mais. E aquele som que fazíamos com esmero — arranjos caprichados, instrumentos e vozes muito bem ensaiados e afinados — não fazia a cabeça do grande público. O Serginho Groisman estava começando a se entrosar no meio artístico e abria alguns espaços para a gente se apresentar em teatros de São Paulo. Fizemos uma temporada que dava muito prestígio, mas... dinheiro, nem pensar. Às vezes tínhamos que tirar do nosso bolso para pagar a banda, depois de um show.

Mais uma vez na contramão, mas agora ainda pior: sem freio nem direção. Sentia-me enjeitado. Aos poucos, fui me convencendo de que o melhor seria mesmo encerrar a carreira e voltar às origens de homem do campo, que sempre fui e serei.

12. DE VOLTA AO CAMPO

Já que a carreira musical não estava dando certo, retomei mais uma vez o meu lado de homem do campo. Continuei selecionando meus cavalos para as exposições. A vida de shows e gravações pode ser posta de lado, mas viver sem música eu jamais conseguiria. Volta e meia, na casa de algum amigo, a viola comia solta. Nessas rodas, percebi que a minha vivência do rock podia ser misturada à música caipira, com resultados muito interessantes. Comecei a experimentar essa fusão, e gostava cada vez mais do som que ia surgindo.

Em Uberaba fiquei muito amigo do fazendeiro Marco Antônio Andrade Barbosa, grande criador de jumentos da raça pega, que é fruto do cruzamento de animais egípcios, italianos e sicilianos, raças que suportam bem as condições climáticas de Minas Gerais. Naturalmente, esta amizade começou por ele gostar muito de música e também pelo nosso criatório de jumentos, que era sinônimo de qualidade.

Ele era fã do Tião Carreiro, grande violeiro, um mestre da música sertaneja de raiz, que fez dupla com Pardinho. Assim como Tim Maia havia me apresentado o soul, Marco Antônio me mostrou a obra do Tião e eu fiquei fã.

Um dia ele chamou o Tião para uma cantoria em sua fazenda, que se desdobrou em inesquecíveis rodas de viola nas outras fazendas da região. Foi numa época em que o Tião estava sem parceiro, pois tinha brigado com o Pardinho. Estava trabalhando muito pouco e foi contratado por Marco Antônio para acompanhá-lo pelas casas dos amigos, durante noites seguidas. Enquanto o uísque rolava solto, a viola do Tião ia fazendo o povo rir e, às vezes, chorar de emoção.

Tião Carreiro estava feliz com tudo aquilo. Ganhava dinheiro para fazer o que mais gostava, que era tocar viola pelo prazer de tocar. Marco Antônio o tratava como um rei. Ele criou um estilo a que deu o nome de pagode. Não tem nada a ver com o pagode do pessoal do samba. O pagode caipira de Tião Carreiro, tocado com viola e violão, tem uma levada que lembra a batida da catira, e também o calango de roda e o coco nordestino. Suas músicas costumavam ter um refrão que se repetia sempre, intercalado com uma história geralmente cheia de humor.

Aprendi muito vendo o Tião tocar e ouvindo suas músicas, de uma poesia pura e inteligente. Ele chegou a me dar umas dicas de diferentes tipos de afinação da viola. A mão do cara era como um casco de cavalo, de tão grossa, mas quando ele tocava parecia que o som da viola saía de mãos angelicais. Ele usava os acordes, e a viola solava junto com ele, repetindo a melodia como se fosse um coral. E eu pensava comigo: "Como é grande este Brasil! O Tião aqui tão perto e eu não conhecia a sua música..." Antes disso eu tinha preconceito, achava que tudo era ruim na música sertaneja — e de fato há muita produção de qualidade ruim, em qualquer gênero musical.

Tião me ensinou a prestar atenção em tudo, mesmo que eu não gostasse. Assim aprendi a separar o joio do trigo. De cara, consegui toda a coleção de discos dele, mais de cinquenta LPs, que ficava ouvindo o tempo todo. Meus filhos não estavam entendendo nada: eu, um cantor de rock, de repente ouvindo moda de viola. Sou muito grato ao amigo Marco Antônio Andrade Barbosa por ter me proporcionado esse encontro.

Para mim era um mundo novo. Em alguns momentos dessas rodas de viola eu cantava as minhas novas composições, e o Tião gostava muito. Ele e a esposa também tinham acompanhado a minha carreira e a da Silvinha, conheciam nosso trabalho. Estimulado pelo Tião, comecei a fazer algumas composições no meu estilo, mas com influência da música dele.

Sérgio Reis, amigo de fé

Ao me aproximar da música sertaneja, empolgado pela viola de Tião Carreiro, voltei a ficar próximo também de alguns amigos especiais, como Sérgio Reis. A primeira vez que o vi foi no estúdio da Odeon no Rio de Janeiro, quando ele me foi apresentado pelo Tony Campelo. Conversamos e ele me mostrou o disco que tinha acabado de gravar, *Coração de papel*. Eu gostei muito e falei que ia ser um grande sucesso. Ele me disse que queria ser meu amigo e que o procurasse quando eu fosse a São Paulo, pois ele conhecia muitos disc jockeys e poderíamos juntos divulgar os nossos discos.

Logo fui para São Paulo e procurei o grandão. A gente se encontrava para correr os estúdios de rádio. À noite nos encontrávamos na boate Cave e de lá saíamos direto, para caitituar os discos, madrugada adentro. Enquanto o disc jockey da rádio não nos chamava, ficávamos sentados esperando, dormindo um no ombro do outro. Numa dessas madrugadas, para espantar o sono, nós começávamos a fazer uma brincadeira semelhante a uma briga. Um começava a dar socos no outro, que pareciam de verdade. Meu soco passava bem perto do rosto dele, que caía para trás, como nas lutas dos filmes de cowboy. Ele levantava, me dava um soco e eu caía no chão. Mais ou menos como faziam nas lutas livres combinadas, com o Ted Boy Marinho e outros lutadores. Era tão perfeito que, nas rádios, nos pediam para simular aquela briga. Eu e o Sérgio já estávamos tão treinados que a cena ficava cada vez mais realista. Um dia, na Rádio Bandeirantes, o comunicador Luiz Aguiar chamou várias pessoas para assistirem a nossa brincadeira, inclusive o diretor da emissora. Era um estúdio enorme. Nesse dia eu estava com muito sono, mas começamos e o pessoal vibrava em cada golpe que era aplicado. De repente, o Sérgio exagerou no realismo e eu não tirei a cara. O golpe acertou bem no meu queixo. Apaguei na hora e vi estrelinhas, como tinha acontecido no meu primeiro treino de boxe no Colégio Taylor-Egídio. Tenho até hoje no queixo a cicatriz desse soco. E o Serjão até hoje gosta de mostrar a minha cicatriz para todo mundo dizendo:

— Olha aqui a marca do meu coice de mula!

Mais tarde o Sérgio testemunhou a fase do meu namoro proibido com a Silvinha, entre outros colegas, como o Tony Angeli, Victor (Os Diferentes), Luiz Vagner (Os Brasas), Tim Maia, Juanzito (que depois virou Fábio), Iara (Os Caçulas), Cise e Enza Flori.

Quando aconteceram as contratações do nosso programa na TV Record, o primeiro contratado foi ele, Sérgio Reis.

O Sérgio Reis é um grande ser humano, amigo de todo mundo, capaz de tirar a roupa do corpo para vestir quem tem frio. Entre outras manias, gosta de se vestir como médico, todo de branco. Ele sempre implicava com meu chapéu.

— Tira este chapéu, você não está na roça! — falava, de gozação.

Por ironia do destino, ele começou a gravar clássicos da música sertaneja, fez muito sucesso nesse gênero e passou a usar chapéu. Quando o encontrava nas exposições em que ele ia fazer show, era a minha vez de zoar:

— E, grandão, você que tirava sarro do meu chapéu, agora está cantando sertanejo e até usando chapéu!...

Renato Teixeira

Quando passei a ouvir modas sertanejas autênticas, esbarrei com o Renato Teixeira, que me fazia lembrar o Tião Carreiro, só que de um jeito mais moderno, ou seria a evolução da música do Tião, com a mesma poesia e uma cultura universitária. Com isso descobri que eu poderia fazer um rock do campo. Estava sendo influenciado por Tião Carreiro e Renato Teixeira, assim como tinha acontecido, tempos atrás, quando me apaixonei pelos ritmos baianos. Um dia resolvi que tinha de conhecer pessoalmente o Renato Teixeira, mas tinha receio de não ser recebido.

Ele tinha um estúdio no centro de São Paulo. "É só ir lá e conversar com ele. Não vou nem telefonar, vou lá direto", pensei.

Quando cheguei, a recepcionista me reconheceu e pediu que esperasse só um instante. Foi incrível a maneira carinhosa como ele me recebeu. Surpreso, porém demonstrando alegria com a minha presença ali.

Disse-lhe que pretendia voltar a cantar, e que já estava compondo músicas num estilo diferente. Contei também sobre o Tião Carreiro. Ele foi extremamente receptivo. Falou que seria uma honra ajudar no que eu precisasse e me elogiou, dizendo que para ele eu era o maior roqueiro deste país.

— Preciso apresentar você a um amigo meu do Pantanal, que toca uma viola que não é fácil. É tipo Tião Carreiro. Chama-se Almir Sater. E tem também um outro que é roqueiro como você, o Geraldo Roca.

Convidou-me para assistir ao seu show no Sesc Pompeia e ali pude perceber que o Renato era um artista diferenciado. Uma mistura de Tião Carreiro, Bob Dylan e James Taylor. Nossa amizade dura até hoje.

Para voltar à cena em novo estilo, montei uma banda com novos músicos. A Silvinha gravava no estúdio MCR, um dos mais conceituados no segmento de jingles no Brasil, e falou com os donos, o Campanele e o Mineiro, que eu precisava de um estúdio, pois estava sem gravadora, mas a minha proposta era de parceria, pois não tinha como pagar a locação.

O Campanele era meu fã e nos convidou para uma festa, que estava cheia de fãs nossos. Um de seus amigos, já meio bêbado, me abraçou e chorou, cantando minhas músicas. Quando fomos embora, Silvinha comentou:

— Bem, é incrível! Você tem uns fãs que, quando gostam de você, gostam mesmo.

Nessa noite, o Campanele me disse que cederia o estúdio para minha gravação, sem cobrar nada. Eu só precisaria me encarregar dos cachês do maestro e do técnico de som. Agradeci muito e logo acertei com o técnico e com o Crispim, que era o maestro indicado pelo Renato Teixeira. Convidei o Renato para ser o produtor do meu disco e ele aceitou. Gravamos doze músicas. Nessa época o Paulo Lopes mudou-se para São Paulo e ficou de arrumar uma gravadora para lançar o meu LP, mas dessa vez sem imposição. Falou com o diretor da RGE, que ficou empolgado e me contratou.

O disco tinha duas homenagens: uma, ao ídolo da minha infância, Bob Nelson, na qual o meu filho cantou comigo; e outra, ao Teixerinha, com um belo arranjo do maestro Crispim para a música "Coração de luto". Tinha também duas canções do Renato Teixeira — "Bailão" e "Caminhoneiro" — e uma da Roberta Miranda, além de sete composições da minha nova fase.

Paulo Lopes deu a ótima ideia de título para o disco: *Um homem chamado Cavalo*. Era um modo sugestivo de batizar essa nova fase. O disco saiu e começamos a divulgação, mas a RGE não tinha aquele esquema de jabá com as rádios. A gente precisava se virar, correr atrás e furar o bloqueio. Com a providencial ajuda do Paulo, que sempre tocava minhas músicas no seu programa, voltei a fazer shows. Outras emissoras tocavam algumas faixas quando recebiam a minha visita, mas não colocavam o disco na programação diária. Eu ia tentando de tudo, como se estivesse começando de novo.

O problema não era só nas rádios. As pessoas que ouviam não encontravam o disco nas lojas. O Paulo Lopes resolveu me ajudar ainda mais e contratou uma secretária, chamada Nicinha, que tinha uma larga experiência em divulgação. Além disso, montou em seu escritório uma sala especialmente para esse trabalho. Com esse esforço começaram a surgir participações em programas de televisão, como os da Hebe Camargo, do Bolinha e *Perdidos na Noite*, que era apresentado pelo Faustão, na Rede Bandeirantes.

Assim comecei uma nova fase em minha carreira.

Minha filha Mônica, já mocinha, sem que eu soubesse chamou duas amigas da academia de balé onde estudava e ensaiou uma coreografia para uma das minhas músicas. Fiquei encantado com a surpresa. Ficou realmente muito boa e sugeri que elas fizessem também o vocal, pois ficaria ainda melhor.

— Ih, pai, vai ser difícil, porque a gente não sabe cantar — disse Mônica.

— Fácil não é, mas o negócio é começar. Você já experimentou? — desafiei, com um sorriso encorajador.

A Silvinha também ajudou, gravando separadamente a voz de cada uma, porém as amigas tinham mesmo dificuldades. Decidimos encontrar uma garota que também cantasse como a Mônica, e encontramos uma xará que logo aprendeu a coreografia.

As duas Mônicas subiram comigo no palco e fizeram um tremendo sucesso como backing vocals, vestidas no estilo country e dançando muito bem coreografadas. Nessa época voltei a fazer shows por todo o Brasil e o sucesso ia novamente acontecendo. Apesar da falta de esquema de divulgação de rádio, fizemos show até em Barretos, na grande festa de peão de boiadeiro. A coisa ia muito bem. Batizei o nome desse estilo de Campo Rock e fiz uma música com esse nome. Tinha tudo para dar certo. O Bom estava de volta.

13. O REI DO BAIÃO

Sempre tive carinho especial pelo Gonzagão, meu primeiro ídolo musical desde a infância em Joaíma.

Morando no Rio de Janeiro, passei certo dia por uma rua no centro da cidade e, de repente, em meio a uma grande animação das pessoas, ouvi a voz dele. Corri para ver o que era e lá estava o Rei do Baião, em pessoa, cantando na carroceria de um caminhão em frente ao estúdio da Rádio Mundial, na avenida Rio Branco, perto da Cinelândia. O show era uma promoção de uma rede de lojas. Muito alegre, brincando, supercomunicativo, com aquele estilo inconfundível, ele cantava seus sucessos e o povo cantava junto.

Cheguei bem perto do palco improvisado e gritei:

— Ô Luiz, eu sou seu fã!

Muitas outras pessoas estavam gritando e aplaudindo, mas ele olhou para mim, ainda um rapazola de dezesseis anos, e falou ao microfone, gesticulando para os músicos:

— Para, para, para, aqui tem um menino me chamando...

Então falou para a plateia, num sorriso malicioso:

— Um menino dessa idade, gente, nunca se sabe, eu já andei tanto por esse mundo afora...

Em seguida, para minha surpresa, se dirigiu a mim:

— Suba aqui, meu filho. Quer vir cantar comigo? Vamos ver se você sabe essa.

Subi na carroceria de um pulo só. Ele começou a cantar "Juazeiro" e cantei junto. Sabia a letra inteira.

Juazeiro, juazeiro
Me arresponda, por favor,
Juazeiro, velho amigo,
Onde anda o meu amor...

Ao fim da música ele me abraçou, o público aplaudiu e eu desci do caminhão, totalmente fascinado por aquele artista popular por excelência.

Fiquei até o fim, pois não podia perder a oportunidade de conversar um pouquinho com ele.

— De onde você é, menino?

— De Joaíma.

— Joaíma, no vale do Jequitinhonha, em Minas Gerais? Conhece lá, por acaso, uma viúva, criadora de jumentos?

— É minha mãe.

— Que coincidência, garoto! Pois eu queria muito conhecer a Fazenda Aliança, ouço falar muito bem, e gosto muito disso, criação de jumentos... Fiz até uma música em homenagem a eles.

— Claro, eu conheço essa música, "O jumento é nosso irmão". É ótima! — respondi, e o convidei para conhecer nossa fazenda.

— Quando quiser ir até lá, será um grande prazer.

Mas, depois desse encontro inicial, ficamos muitos anos sem contato. Tempos depois, fui convidado a participar do programa *Ensaio*, o mais antigo programa da TV brasileira, que era na TV Tupi e ainda hoje continua no ar, na TV Cultura, apresentado pelo Fernando Faro. O Faro é bem baixinho, por isso a gente o chama de Baixo e ele também chama todo mundo assim.

O programa, ainda nos tempos da TV Tupi, nos anos 1970, seria uma homenagem a Luiz Gonzaga, e o Faro queria fazer um encontro do Velho Lua com artistas jovens. Silvinha e eu fomos escolhidos pela produção do programa porque havíamos gravado músicas dele em estilo de rock.

Silvinha e eu cantamos "Juazeiro", acompanhados pelo nosso trio, e fizemos um vocal acompanhando o Luiz Gonzaga em "Derramaro o gás", que tem uma letra bem engraçada:

Eu nesse coco num vadeio mais
Apagaro o candeeiro, derramaro o gás
Apagaro o candeeiro, derramaro o gás
Coisa boa nesse escuro já sei que num sai...

Depois de cantarmos juntos, o apresentador lhe perguntou sobre a juventude e sobre as interpretações roqueiras que Silvinha e eu havíamos feito com alguns sucessos dele. Nesse momento, o mestre Gonzagão fez uma declaração que me emocionou.

— Eu não gostava muito da juventude, dessas músicas muito modernas, mas esses jovens me trouxeram de volta, e o pessoal novo me conheceu graças às gravações que eles fizeram das minhas músicas. Por isso agradeço muito ao Eduardo e à Silvinha.

É claro que ele deve ter estranhado quando ouviu pela primeira vez os arranjos que fizemos, em estilo de rock e de soul. Mas nessa declaração ele mostrou-se realmente agradecido e reconheceu a importância do nosso trabalho. Fiquei muito feliz. O mais importante daquele programa de TV é que nos reencontramos e cantamos juntos. Foi emocionante.

O tempo passou, eu sempre me lembrava dele, falava dele nos shows, até que fiquei conhecendo o Gonzaguinha, belíssima figura humana, de grande musicalidade e doçura, e lhe falei da paixão que tinha pelo seu pai.

— Que bom, eu também sou muito fã do velho, tenho grande orgulho de ser filho dele.

Luiz Gonzaga tinha muito medo de que o filho fosse preso por causa de suas canções de protesto. Chegou a interceder com comandantes militares para que isso não acontecesse.

Gonzaguinha fazia shows em exposições agropecuárias. Hoje, esses eventos são palcos de grandes artistas sertanejos, mas naquela época as principais atrações eram os grandes nomes da MPB. Certa vez encontrei-me com o Gonzaguinha em uma feira dessas, em Belo Horizonte, e lhe dei parabéns por uma participação dele no programa do Flávio Cavalcanti. Ele se apresentou nesse programa cantando "Você merece", uma canção de protesto, bem forte e bonita. Mas, ao terminar, o apresentador comentou:

— Ô meu filho, você que é tão musical, tem tanto talento, é filho de um grande nome da música brasileira, por que fica fazendo essas canções de protesto? O Brasil está bem, não precisa ficar insistindo nesse tom negativo das suas músicas...

O REI DO BAIÃO

O programa era ao vivo e a resposta dele veio rápido:

— Senhor Flávio, eu também acho que o Brasil está melhorando. Mas, se o senhor está satisfeito com o Brasil do jeito que está, é porque é só isso que o senhor merece...

— Foi uma resposta perfeita, Gonzaguinha! — comentei com ele ao encontrá-lo em Belo Horizonte.

Quando a gente acha que está tudo bem, precisa mesmo olhar em volta, para ver como estão os outros, como está a realidade da maior parte da população. E Gonzaguinha captava isso enfaticamente em suas canções.

Ele agradeceu com um abraço e disse que seu pai estava querendo falar comigo. No dia seguinte liguei para a empresária dele, que me confirmou: o Lua queria mesmo me ver. Ele morava em Juazeiro, mas estaria em São Paulo na semana seguinte para participar do programa *Som Brasil*, na TV Globo, criado pelo Rolando Boldrin e, nessa ocasião, apresentado pelo Lima Duarte.

Quando cheguei ao estúdio, entrei falando:

— Eu vim ver o rei!

— Que rei?

— O Luiz Gonzaga, é claro, o Rei do Baião.

Logo que ele me viu, deu-me um abraço e cobrou:

— Você me prometeu que ia me levar à Fazenda Aliança, rapaz, e eu queria dar uns poneizinhos de presente para meus netos.

— Eu lhe dou os pôneis, Luiz, mas você tem que ir lá.

— Como é que nós fazemos então?

— Bom, a gente arranja um show por lá, assim você vai, escolhe os pôneis e ainda ganha dinheiro.

— Ô Eduardo, assim você está juntando o útil ao agradável!

Falei com o prefeito de Joaíma e ele ficou empolgado com a ideia de ter um grande show de Luiz Gonzaga nas comemorações de aniversário da cidade.

Convidei também o Renato Teixeira para participar do show. Fui com ele de São Paulo para Joaíma, com nossas bandas, e ficamos esperando Luiz Gonzaga na fazenda.

Abrindo e fechando porteiras

O Velho Lua tinha medo de avião. Iria de Juazeiro até Joaíma na sua Veraneio, com o trio e um motorista. Só viajava assim, pelo Brasil todo. Esperamos até tarde da noite e ele não chegava. Minha mãe fez uma bela mesa para recebê-lo com um farto jantar, depois daquela viagem longa. Mas a hora avançou e ela foi dormir.

Estávamos preocupados com a demora, quando de repente surgiu uma luz de farol ao longe. Era ele chegando.

Mal desceu do carro, pediu ao motorista que pegasse a sanfona. Entrou na casa com a sanfona já em posição de ser tocada.

— Onde está dona Maria? — perguntou.

Expliquei que minha mãe tinha ido dormir.

— Qual é a janela do quarto dela?

Chamou os músicos, foi para baixo da janela e começou a cantar uma de suas canções românticas. Se o Renato Teixeira e eu já estávamos emocionados, imagine minha mãe, que acordou com aquela seresta cantada pelo próprio Luiz Gonzaga. Abriu a janela e convidou a todos para um café. A mesa estava posta, com pães, bolos, doces, requeijão, queijo de minas, café e leite, uma típica ceia mineira.

Luiz e Renato Teixeira ficaram se declarando fãs, um para o outro, e não paravam de trocar ideias sobre música. Até que todos, cansados, fomos nos recolher. No dia seguinte, o café da manhã seria ainda mais animado.

Sempre que eu comentava sobre o show, ele respondia:

— Eu vim aqui só pra conhecer dona Maria e ver os bichos. Não vim fazer show.

— Mas, Luiz, vai ser no estádio de futebol! E vai arrebentar, porque vem gente de várias cidades da região.

— Sei, sei, eu vou lá, mas eu não vou fazer um show. Eu vou é cantar para o povo. E vim aqui, você sabe, conhecer dona Maria, ver os jumentos e os pôneis da criação de vocês. Vamos lá ver?

O pedido dele era uma ordem. Nesse mesmo dia pegamos uma caminhonete e fomos ver os pôneis. Meu filho Dudu, ainda menino, foi junto e saía rápido do carro sempre que tinha uma porteira para ser aberta.

Quando nos aproximávamos dos currais, onde criávamos umas mil éguas, ele se admirou com a quantidade de burros que passavam na porteira.

— Vixe! Nossa Senhora! Isso aqui parece até uma fábrica de burros!

Passavam também vários cavalos puxados pelo cabresto. Ao ver a eguinha Gatinha, toda charmosa, ele exclamou:

— Vixe! Que beleza! Parece até uma moça nua!

Ao final do passeio, perguntou ao meu filho:

— Dudu, quantas porteiras você abriu hoje?

— Não lembro não, seu Luiz.

— Tem que lembrar, menino, tem que lembrar, porque a vida é sempre assim, abrindo e fechando porteiras...

Minha mãe preparava altos almoços e ele comia de se fartar.

— Vai com calma, Luiz — disse um dos músicos. — Você não está podendo comer tanto...

— O que faz mal não é o que entra pela boca, e sim o que sai — respondeu ele, enquanto se servia de mais uma colherada de tutu à mineira.

No fim da tarde, nova cantoria. Renato Teixeira ficava maravilhado com o Luiz Gonzaga. Não entendia como ele era capaz de tocar tão bem os pequenos botões da mão esquerda do acordeom, com aquela mão de trabalhador rural, os dedos grossos e calejados, sem errar uma nota sequer.

À noite, o show foi um arraso. Renato deu tudo de si, cantou como nunca. Em seguida, cantei antigos rocks meus, além de canções do Gonzaga e algumas do repertório do meu disco mais recente na ocasião, produzido pelo Renato.

O Gonzagão, depois de tanto me dizer que não ia fazer show, empolgou-se com o estádio lotado, mais de 10 mil pessoas, gente que tinha vindo de toda a região para aplaudir o Rei do Baião.

Até então eu não tinha feito, nem voltei a fazer, um show daquele tipo em minha terra natal. Alguns anos antes, juntamente com meu sobrinho Márcio Kangussu, diretor da Copasa em BH, havia organizado um festival de música, que lançou vários nomes. Os vencedores do festival foram Zapata e Carvalho, com a música "Canário-do-reino". Paulinho Pedra Azul também foi um dos primeiros, foi uma revelação desse festival, lançou-se lá. Tony

O REI DO BAIÃO

Osanah, que já era conhecido, também arrasou. E eu defendi uma música do irmão do Imperial, o Paulo Imperial, chamada "Pingo d'água". Foi a única vez que me apresentei em Joaíma além do show com o Gonzaga.

Ele escolheu os pôneis, que seriam para seus netos, os filhos do Gonzaguinha. Mas, lamentavelmente, alguns meses depois o Luiz Gonzaga faleceu, vítima de uma parada cardiorrespiratória, em agosto de 1989. Pouco depois, em abril de 1991, um acidente de automóvel levou também o Gonzaguinha. O casal de pôneis não saiu da fazenda. Eram para os filhos do Gonzaguinha, mas se hoje os seus netos (bisnetos do Velho Lua) quiserem um casal de netos daqueles poneizinhos, eles estão à disposição, na Fazenda Aliança.

As recordações de Luiz Gonzaga viverão para sempre. Faço uma pinga chamada O Cavalo da Viúva, da legítima cana-caiana, que é especial. Em sua memorável visita à Fazenda Aliança, ofereci a ele uma dose:

— Luiz, você gosta de pinga?

— Que pinga, rapaz, eu gosto é de cachaça! Sou cachaceiro. Já bebi cachaça do Oiapoque ao Chuí...

— Mas você não está podendo beber... — ponderei.

— Ah, como remédio eu posso. Pode servir.

Servi a ele uma pequena dose, ele cheirou, virou, degustou e comentou:

— Nossa! Que coisa boa! Olhe, eu já bebi muita cachaça pelo Brasil afora, e essa foi a melhor que já bebi!

Expliquei como fazia, falei que era em um alambique pequeno, mas ele me interrompeu:

— Nada disso, nego velho. O segredo é o pH da terra. Essa cana-caiana não dá em qualquer terra.

Tempos depois, participei de um concurso de cachaças em Belo Horizonte. Uma prova cega, em que os juízes não viam os rótulos das bebidas. Estavam concorrendo as melhores cachaças do Brasil, as mais famosas e caras. Adivinha quem ganhou?

Ao receber o prêmio de melhor cachaça do país, lembrei-me de Luiz Gonzaga. Ele realmente sabia...

A Fábrica de Burros

A fazenda de minha família passou por uma fase muito difícil, que começou durante uma crise na agropecuária, ainda no governo FHC. O Banco do Brasil passou a cobrar juros altíssimos e ficamos sufocados. Para tentar quitar a dívida, vendemos praticamente todo o gado e, por causa disso, já no governo Lula, a fazenda foi considerada improdutiva, então decidiram desapropriar. Passei oito anos tentando recuperar nossas terras, comprovando que não eram improdutivas, pois estavam naquela situação apenas temporariamente, em função do pagamento ao banco. Foi uma fase de muito esforço e sofrimento.

Com a ajuda do meu amigo Sérgio Reis, consegui ser recebido pelo presidente da República. Mostrei o que meu pai fez, as escolas construídas por ele na região e várias outras obras. Lula encaminhou o assunto para o seu chefe de gabinete, Gilberto Carvalho, pedindo que fosse revogada a desapropriação. Eu não conseguia entender por que, com tantas terras improdutivas no país, logo a nossa havia sido desapropriada, mesmo sendo uma fazenda-modelo, que vinha produzindo por muitas décadas e tinha a mais tradicional criação de equinos, citada em livros internacionais. Como tínhamos uma dívida, o Gilberto Carvalho sugeriu que fosse mantida a desapropriação de uma parte da terra. Topei, desde que a avaliação fosse justa. Mas, quando acertamos esse acordo com o Incra, os sem-terra reagiram, não concordaram e invadiram. Queriam a terra toda. Foi aí que a situação piorou ainda mais. Minha mãe, que permaneceu lá todo o tempo, ficava vendo, da janela da casa, os sem-terra passando em frente. Entrei com processo de reintegração de posse. O Incra insistia no acordo e o MST continuava acampado lá dentro. Conseguimos a reintegração, mas o problema era fazer com que essa decisão fosse cumprida. Graças a Deus, ganhamos em todas as instâncias e provamos que a propriedade não era improdutiva.

Eu tinha que dar continuidade ao trabalho de minha mãe, dona Maria Araújo, na Fazenda Aliança. Mas o prejuízo daqueles tempos difíceis me desanimou, porque a criação de animais exige muita atenção e investimento. Então levei alguns comigo, os melhores, para o Haras Aliança Djerid, em Araçoiaba da Serra (SP), perto de Sorocaba. Lá eu poderia cuidar deles. Sentia que esse trabalho seria abençoado quando nasceu, na fazenda, o Congo da Aliança, filho do Diamante Negro com a jumenta pampa Joaíma da Aliança. Um belíssimo animal, de raça nobre, pintado de preto e branco, considerado o melhor de todos os tempos.

Na ocasião conheci o cirurgião plástico Antônio Esaú, também apaixonado por cavalos. Decidimos buscar as melhores éguas pampas do Brasil, para aproveitar todo o potencial dos nossos jumentos, principalmente o Congo, que hoje é o garanhão do haras. Cruzando os jumentos com as éguas mangas-largas marchadoras e usando uma tecnologia inédita no agronegócio, começamos a produzir um plantel de burros diferenciados. Agora estamos desenvolvendo novas técnicas de transferência de embriões, que permitem mais reproduções, com maior qualidade. O empresário Ademir Barchetta também se associou ao projeto.

Os burros de montaria, bem adestrados, são muito mais resistentes do que o cavalo. Eles têm um mercado garantido para o lazer e são usados em romarias, cavalgadas e torneios de provas de marcha. Nosso foco é o "burro de patrão", que é o animal bonito, alto, com andamento macio.

Nunca me esqueci da empolgação de Luiz Gonzaga ao visitar nosso curral:

— Vixe! Nossa Senhora! Isso aqui parece até uma fábrica de burros! — exclamou ele, com um largo sorriso.

Por isso, dei o nome de "Fábrica de Burros" a esse projeto inovador. Que é também uma homenagem a minha mãe, dona Maria Araújo, conhecida como a maior criadora de jumento pega do país.

14. TRINTA ANOS DE JOVEM GUARDA

Quando se aproximava o aniversário de trinta anos da jovem guarda, a Universal Discos resolveu fazer um disco comemorativo, produzido por Márcio Antonucci, da dupla Os Vips. Eu e Silvinha participamos, ficou excelente e, em poucas semanas, o disco vendeu mais de um milhão de cópias.

Nessa época eu desenvolvia meu trabalho no estilo country e apresentava o programa *Pé na Estrada*, no SBT, quando fui chamado pelo Netinho, dos Incríveis, para uma reunião com o Paulo Amorim, dono do Teatro Tom Brasil.

— Na onda do sucesso do disco dos trinta anos, vou produzir um musical, para apresentar no *TomBrasil*, e quero convidar vocês dois para dirigir esse espetáculo — disse o Paulo, olhando para mim e para o Netinho.

— Paulo, eu topo participar — respondi. — Mas estou muito feliz com o meu movimento de música country e vou ter que abandonar esse meu trabalho por algum tempo para me dedicar ao projeto do show dos trinta anos. Por isso, eu tenho uma condição: que esse trabalho seja de grande qualidade, que o show tenha uma produção de primeira. Ou é cueca de ouro, ou bunda de fora.

— Vocês têm meu apoio total. Vamos produzir um grande show — respondeu o Paulo, festejando nosso trato e nos dando carta branca. — Quero que vocês convidem os nomes de maior projeção na jovem guarda. A começar pelo Roberto Carlos.

Ponderei que seria quase impossível conseguirmos a participação do Roberto. Se ele nem havia participado do disco, muito mais difícil seria fazer parte de cinco shows coletivos, de quarta a domingo.

Por vários motivos, também não conseguimos o Erasmo Carlos, Os Vips, Leno e Lilian, Jerry Adriani. Quando chamei Ronnie Von, ele também respondeu que não participaria, porque estava fora da música por um tempo, mas fui conversar com ele para tentar convencê-lo.

— Tá bom, Eduardo, eu participo, porque tenho certeza de que você vai fazer um bom trabalho.

Já estávamos fazendo os ensaios e ainda esperávamos a confirmação de Wanderléa.

— O que fazemos? — perguntei ao Paulo Amorim. — A Wanderléa ainda não confirmou.

— Prossiga sem ela — respondeu ele.

Um dia antes da estreia, Wanderléa confirmou participação, desde que fosse acompanhada por sua própria banda. Melhor assim, porque não daria tempo para a nossa banda fazer os arranjos.

No fim das contas, o show dos trinta anos da jovem guarda contou com uma turma de arromba: Wanderléa, Silvinha, Netinho, Ronnie Von, Golden Boys, Bobby di Carlo, Os Corujas

(Deny & Dino) e Os Incríveis. Formada por Manito (sax), Leandro (contrabaixo), Netinho (bateria) e seu filho Sandro Haick na guitarra, a banda Os Incríveis, que acompanharia a maior parte das músicas, foi reforçada por alguns músicos extras: no teclado, o Bruno Cardoso, que também fez arranjos e Zé Eduardo, o Faísca, na guitarra. No backing vocal, Cida e Tati, mãe e filha, com arranjos criados por Silvinha. A direção do show ficou a cargo de Solano Ribeiro, com sua experiência de diretor do programa *Jovem Guarda* e integrante da Equipe 6, da Record. Para o cenário, a luz e o sistema de som, também convidamos os melhores profissionais.

Na estreia, muita gente não conseguiu ingresso. Um sucesso bem acima do esperado. E o show, que era para ficar menos de uma semana, ficou um mês e meio com casa lotada todas as noites. Paulo foi obrigado a cancelar várias outras apresentações programadas no *Tom Brasil*, para que continuássemos. Depois disso, viajamos por várias outras cidades com o show, que foi capa de revistas, tema de reportagens na TV e muitas matérias nos jornais.

Todo esse sucesso me reanimou para o projeto de montar uma gravadora que criasse coisas novas. Eu vinha alimentando essa ideia desde a experiência que tivemos na Pointer, a gravadora do meu amigo José Maurício Machline — infelizmente interrompida, mas que tinha tudo para se tornar um grande selo alternativo no Brasil.

Number One Music

O mercado estava excludente, sem criatividade, fechado a qualquer inovação. Os dirigentes das gravadoras pensavam na base do "in" ou "out". Aquele ali? Já era. E aquele outro? Ah, é meio maldito, ousado demais, não vende disco. Eu senti que estavam me enquadrando em uma categoria dessas. Estavam me deixando de fora e eu precisava achar um caminho.

Por causa dessa visão estreita, as grandes gravadoras começaram a entrar em crise. Culpavam a pirataria, as cópias ilegais de discos que passaram a ser vendidas pelos camelôs a preço de banana, mas nada faziam para sair daquele modelo que estava naufragando como um *Titanic* enquanto os músicos tentavam continuar tocando no convés. A tecnologia estava transformando radicalmente os modos de se consumir música, um novo milênio estava começando e os players desse mercado não percebiam que precisavam mudar urgentemente a visão do que deveria ser uma gravadora.

Com base nas experiências positivas e negativas que eu havia enfrentado, montei um projeto de empresa que não se limitaria à produção e venda de CDs. Na gravadora destes novos tempos, o foco não seria o disco, e sim o artista, em todos os seus canais de atuação. A nova gravadora deveria investir no artista contratado, cuidando de toda a sua carreira e promovendo inclusive seus shows, programas de TV, videoclipes, DVDs e eventos de todos os tipos.

A ideia era boa, mas dependia de capital para ser investido e eu precisava de um sócio. Conversei sobre isso com meu velho amigo João Leite Neto. Chamávamos um ao outro de Índio

Velho, sendo eu de descendência Pataxó (a nação indígena que vivia lá pelo sul da Bahia e no norte de Minas, onde nasci), enquanto ele, paulista, era descendente dos Tupinambás.

— Sua ideia é ótima, Eduardo, e acho que tenho uma ótima pessoa para indicar como sócio dessa gravadora.

Na mesma hora ele ligou para um amigo, o empresário Armando Cunha, que me recebeu poucos dias depois, no seu escritório em Alphaville, bairro nobre de São Paulo. Mostrei ao Armando todo o projeto, em detalhes.

— O grande negócio do show business, hoje, é o show, e não a venda de discos — argumentei. — O CD é uma mídia entre várias outras, não é mais o produto principal, como era antes. Se vender bem, vai no máximo pagar os seus próprios custos de produção. O nosso foco tem que ser a carreira do artista.

Fui o primeiro a implantar esse modelo no Brasil. Depois disso, as grandes gravadoras tentaram ampliar sua atuação, mas eram lentas, engessadas no modelo antigo, pesadas demais para o novo paradigma.

Armando Cunha acreditou na ideia. Poucas semanas depois, nascia a Number One Music, uma organização de business, shows, eventos, muito mais do que uma gravadora de discos.

Levei um susto quando fui conhecer as nossas instalações. Eu imaginava um pequeno conjunto de salas e ele providenciou um belo prédio em Alphaville.

— Um prédio inteiro? Não precisava disso tudo, Armando.

— Se você quer só uma salinha, está com o sócio errado — disse ele, rindo. — Comigo é assim. Nossa gravadora vai ser importante, tem que ser coisa grande.

Eu ri também, comemorei com ele e arregacei as mangas no ótimo gabinete que me coube como diretor-presidente da Number One.

O mais importante para mim naquele momento era não depender de outros estúdios: disponibilidade de horários, aluguel, equipe técnica e tudo o mais. Para resolver isso, pude contar com a experiência do meu filho Edu Luke. Em pouco tempo, nosso estúdio estava montado e equipado, com tratamento acústico da melhor qualidade, para fazermos nossas próprias produções.

Além do estúdio, o mais importante era investir nos artistas, e não em instalações caras. Meu sócio, porém, queria mesmo fazer uma empresa de primeiro time. Contratamos bons produtores e profissionais de marketing com experiência nas melhores gravadoras, mas eu ainda teria que me empenhar para que nossa equipe mudasse o modo de encarar o mercado fonográfico.

— Quais serão os lançamentos da Number One? — perguntaram na primeira reunião que fizemos.

— Vamos começar lançando um disco meu e um da Silvinha, porque já somos artistas da casa, enquanto contratamos outros nomes — respondi.

Meu disco seria fácil de ser produzido: uma coletânea de músicas já gravadas para álbuns anteriores. O título era significativo para mim: *A aventura não termina*. De fato eu me sentia no início de um importante episódio de minha trajetória. O carro chefe foi o hit "Rodeio", que fiz em parceria com Paulinho Campos e contou com um belíssimo videoclipe dirigido por Giuliano Saad. A segunda música de trabalho foi o dueto que fiz com o cantor norte-americano Gene Fireball, "Segura que esse touro é bom", uma versão de "Proud Mary", do Creedence Clearwater Revival.

Esse meu disco seria um ensaio para o funcionamento da gravadora em todos os setores. Cuidei do lançamento viajando com o divulgador pelas principais cidades do Brasil, visitando pessoalmente as emissoras de rádio e dando entrevistas à imprensa.

Na mesma época desse disco, participei de um CD da dupla norte-americana The Bellamy Brothers, gravando com eles uma participação especial na música "Vertical Expression". No lançamento do CD, fui convidado a gravar com eles, em Albuquerque (EUA) e aqui no Brasil, um videoclipe que chegaria a primeiro lugar na Country Music Television (CMT Brasil), além de ganhar o prêmio CMT Encontro do Ano.

Para o disco de Silvinha, eu queria algo maravilhoso, como ela merecia, marcando de modo especial os seus 35 anos de carreira artística.

— Vai ser um disco de homenagens, com várias participações importantes para o trabalho da Silvinha — expliquei.

Todos acharam ótimo. Mas, à medida que eu dizia os nomes, a reação era de descrença. Dominguinhos? Difícil, a gravadora dele não vai liberar. Zezé de Camargo? Impossível! Daniel? Ah, você está sonhando, nossa gravadora é pequena, estamos começando...

— Então deixem que eu mesmo me encarrego de convidar esses artistas. Quero voar alto — respondi, encerrando a reunião.

Fui com Silvinha à casa do Zezé, que nos recebeu carinhosamente.

— Estou nessa! — respondeu logo de cara, quando começamos a falar sobre o disco. — Tenho uma música perfeita para cantarmos juntos, Silvinha. Você, eu e o Luciano.

Silvinha comentou então que também queria convidar o Daniel e o Leonardo, mas estava meio sem jeito de falar com eles.

— Deixe que eu falo com eles — disse Zezé de Camargo, com um largo sorriso.

Por algum motivo o Leonardo não pôde participar, mas o Daniel concordou e mandei para ele a versão que fiz para uma música de Gene Austin. Ficou ótimo o dueto dele com Silvinha.

A reação do Dominguinhos também foi ótima:

— Vai ser a coisa mais bela do mundo, meu irmãozinho — falou ele, naquele jeito inesquecível.

Assim foi também com Moacyr Franco, Claudya de Oliveira, bispo Crivella, padre Antônio Maria, e os maestros Eduardo Lages, Vicente Sálvia e nosso filho Edu Luke.

Decolando com novos nomes

Precisávamos lançar novos talentos e comecei a procurar. Queríamos uma boa dupla para lançar pela Number One. Foi quando a Silvinha participou do vocal da gravação de um demo dos cantores Victor & Leo, achou ótimo o trabalho deles, trouxe o demo para que eu ouvisse e também gostei muito. Senti que tinham futuro, contratamos a dupla e, sem demora, produzimos um disco, com arranjos de Eduardo Lages.

Além disso, lembrei-me de uma garotinha que tinha deixado um CD em minha casa, mais de dois anos antes de surgir a Number One. Gostei quando ouvi pela primeira vez e deixei guardado, esperando uma oportunidade. "Se eu conseguir ter minha própria gravadora, vou dar uma chance a essa menina", pensei. Enquanto produzíamos o disco de Victor & Leo, fiz de tudo para encontrá-la, mas ela não morava mais no endereço que estava anotado no envelope do CD. Pedi ajuda ao meu sócio Armando Cunha, que contratou um investigador de polícia para localizar a jovem cantora. Usava o nome artístico de Ana Rayo, talvez por causa da personagem central de uma telenovela de alguns anos antes, *A história de Ana Raio e Zé Trovão*, estrelada por Ingra Liberato e Almir Sater — grande violeiro, cantor e compositor, além de fazendeiro como eu.

Ela estava morando num sítio em Casa Branca, interior de São Paulo. Seu nome: Paula Fernandes. Era menor de idade e a trouxemos para São Paulo com seus pais. Eles estavam sem perspectivas, naquela casinha simples no interior, e ficaram contentes em morar na capital, num bom apartamento alugado pela Number One. Os pais assinaram contrato, meu filho e outros maestros fizeram os arranjos, gravamos o disco e a carreira dela teve início. Estava indo tudo bem, a Paula participava dos shows de nossa caravana e começava a tornar-se conhecida em várias cidades, mas o pai continuava contratando pequenos shows para ela com o nome de Ana Rayo. Não era mais para usar esse nome, e estava firmado em contrato que a agenda de shows da Paula Fernandes seria responsabilidade da gravadora.

Conversando com a mãe da Paula sobre esse problema, ela me contou que o marido precisava ter alguma coisa para fazer, estava sem trabalho e, por isso, ficava tentando vender shows da filha. Consegui para ele um bom emprego na empresa do Armando. Porém, a reação dele surpreendeu a todos. Ficou furioso e foi embora de São Paulo, abandonando a esposa e a filha.

Fiquei surpreso quando o administrador do imóvel me informou que Paula e sua mãe haviam devolvido as chaves do apartamento. Depois que o pai se mandou, elas sumiram também. Largou tudo: contrato assinado, uma das faixas do disco já tocando no rádio e a carreira começando a decolar.

Só muito tempo depois eu soube que a Paula teve uma crise de depressão por causa do pai. Recebi um telefonema de Sete Lagoas, sua cidade natal. Era uma médica, informando que ela estava em tratamento.

— Se a Paula precisar de alguma coisa, diga a ela que estou aqui, à disposição — respondi.

Tive que interromper todo o trabalho que havíamos iniciado para lançamento da carreira de Paula Fernandes. Apesar desse imprevisto, nosso elenco de artistas já crescia, a gravadora estava firmando presença no mercado, era respeitada na mídia pela ótima qualidade das produções, tudo ia de vento em popa... até que, inesperadamente, Armando me chamou para uma reunião na sala dele e disse, sem fazer rodeios:

— Eduardo, vou ter que fechar a Number One.

Levei um susto.

— Como assim, Armando? Não faça isso! Não podemos acabar com esse projeto! Coloquei minha vida nisso, já temos um bom elenco de artistas...

— Infelizmente não tem jeito, Eduardo. É uma decisão do meu grupo de empresas, muito acima da questão da gravadora.

Armando foi corretíssimo. Sugeriu que eu procurasse outro sócio e continuou pagando todas as despesas até o final do ano.

Depois disso, por dois anos eu tentei conseguir um novo sócio, sem sucesso. Nesse período, Edu Luke me ajudou como produtor de gravações com alguns artistas e chegou a gravar dois discos como cantor.

Quando Paula Fernandes voltou a me procurar, a Number One já estava sem fôlego para sobreviver. Ela queria rescindir o contrato, para fazer um novo disco com uma gravadora de Belo Horizonte, e não criei qualquer dificuldade. Outro jovem cantor, o Fábio Nestares, depois de ter seu disco de estreia produzido por mim, participou do programa *Fama*, na TV Globo, com grande sucesso, e também pediu rescisão do contrato, para assinar com a Som Livre. Antes de tudo sou artista, sou cantor, então não pensei como empresário: liberei todos os que me pediam para sair, sem fazer qualquer exigência.

Ao liberar o contrato artístico da Number One com a Paula Fernandes, perguntei ao produtor da sua nova gravadora, Marcus Viana, se ela teria interesse em comprar os fonogramas do primeiro disco. Paula estava ficando mais conhecida, eu não tinha dúvida de que sua carreira ia decolar, pois um talento como o dela não ficaria de fora da primeira linha do show business. Mas eu não quis tirar qualquer proveito comercial daqueles fonogramas.

Enquanto isso, meus recursos para manter a Number One se esgotaram e tive que fechar. Vendi para a Paula Fernandes, para o Victor e o Leo suas respectivas gravações e direitos fonográficos.

Liberei para todos os artistas as produções lançadas e não deixamos nenhuma pendência.

Apesar de tudo, o esforço de marketing que fizemos na época rendeu frutos, principalmente as excursões e os shows com os artistas do nosso cast. Victor & Leo são gratos até hoje. Todos se apresentavam em várias cidades, no Eduardo Araújo Country Show, que também recebia convidados, como Jair Rodrigues, Sérgio Reis e as Irmãs Galvão.

Armando Cunha e eu continuamos grandes amigos. Hoje, quando nos encontramos, ele me diz:

— Eduardo, a Number One não podia ter sido fechada. Foi a maior mancada de minha vida. Era uma experiência maravilhosa.

Quem sabe um dia eu ainda consiga reviver esse projeto?

Naquele momento, porém, eu vivia o término de mais um capítulo. Era tempo de recolher a boiada, trocar de pasto e esperar que aquele inverno passasse, para poder, algum dia, começar tudo de novo.

15. UM ANJO LILÁS

Como um carrossel, às vezes uma montanha-russa, a vida tem seus altos e baixos. Há coisas que acontecem sem que a gente consiga entender por quê.

Exatamente na época do show dos trinta anos da jovem guarda, quando tudo parecia estar maravilhoso, Silvinha acompanhou sua amiga Cidinha a uma consulta com o doutor Américo, cirurgião plástico famoso e oncologista. A amiga faria uma cirurgia plástica e Silvinha resolveu também operar os seios. O médico, muito cuidadoso, solicitou exames pré-operatórios. O que começou por uma motivação estética — embora eu achasse que ela não precisava de plástica em parte alguma do corpo — acabou servindo para revelar uma enfermidade que a medicina, por mais que avance, ainda não consegue debelar totalmente.

O médico me ligou, preocupado, por ter descoberto um nódulo ao examinar Silvinha. Fiz questão de acompanhá-la em todas as consultas médicas e exames, ficamos juntos em todos os momentos dessa luta. Quando os exames confirmaram que era câncer, achei melhor que ela soubesse de tudo, pois era forte e saberia lidar com isso.

Exatamente nesse dia, ela ganhou uma estatueta de presente de sua amiga Cidinha. Era um anjo lilás, que Silvinha passou a carregar como amuleto, como um pedido de proteção. Certa vez, começou a mentalizar e viu o anjo à sua frente, transmitindo-lhe coragem para enfrentar a doença. E decidiu não parar. Prosseguimos a temporada do show dos trinta anos da Jovem guarda, em várias cidades, e só uma vez ela não compareceu.

Do diagnóstico à sua partida, foram doze anos. Silvinha não se deixou abater, fez tudo o que os médicos recomendavam, mas também fez tudo o que amava. Viajou apresentando-se comigo em vários shows, fez mais um CD, gravamos um DVD, participou de programas de televisão e rádio, escreveu um livro e passou a ministrar palestras transmitindo mensagens de otimismo e conscientizando as mulheres quanto à importância dos exames preventivos.

Procuramos estudar tudo sobre a tal doença, os tipos de câncer e os tratamentos possíveis. Era uma busca incansável.

O Arcanjo Rafael

Sempre muito espiritualizada, ela conversava comigo sobre o nosso caminho neste mundo. Desde o primeiro momento, tudo entre nós foi mágico. Aquela menininha linda que conheci em Belo Horizonte, e por quem me apaixonei à primeira vista, foi o primeiro e único amor da minha vida. Assim como fui para ela.

Eu me impressionava com a serenidade que ela transmitia. Conversava com nossos filhos, explicando que estava partindo, mas eu não aceitava, não podia, não queria aceitar essa realidade.

— O meu caminho já se completou — dizia-me ela, pedindo que eu compreendesse e a deixasse ir. — Já fiquei bastante tempo aqui, principalmente por sua causa. O tempo que fiquei neste mundo foi para estar ao seu lado.

Ela sorria serenamente enquanto eu tentava segurar o choro ao ouvir essas palavras.

Quando foi para a UTI, em um quadro muito grave da enfermidade, várias pessoas próximas nos davam força com orações e meu amigo João Leite mandou que um pastor me procurasse no hospital. Ele chegou, um jovem alto, oferecendo-se para fazer uma oração.

Pediu às pessoas presentes que ficassem de mãos dadas, em volta do leito. Começou a orar e cantou uma música linda, com uma técnica incrível, estilo gospel, que falava de um anjo. De repente, parou de cantar e me disse:

— Eduardo, estou vendo um anjo alto, atrás de você. Tem cabelos longos, um manto muito bonito e irradia uma luz lilás. Ele me pediu para lhe dizer: "Fique tranquilo, Silvinha está em boas mãos."

— Sabe o nome desse anjo? — perguntei. — É Arcanjo Rafael?

— Isso mesmo — respondeu o pastor. — A música que eu estava cantando era para ele, você reparou?

Então senti que a energia do anjo lilás tranquilizava o ambiente e confortava a todos nós. Nesse momento Silvinha partiu.

A Divina Escada

Depois de tudo isso, o pastor me contou que tinha o dom da vidência e que, às vezes, via pastores e outras entidades. Mas nunca antes tinha visto um anjo.

Eu sempre me perguntava em que degrau da escada evolutiva ela estaria. Durante os doze anos de batalha contra o câncer, eu percebia que Silvinha, embora sofrendo, mostrava-se cada vez mais firme espiritualmente. Algumas semanas depois de sua partida, uma amiga me procurou, emocionada, para contar um sonho que vinha tendo com frequência.

— Eduardo, eu tenho sonhado sempre com a Silvinha, e percebo que ela quer lhe mandar algum recado, uma mensagem, mas não compreendo o que é.

— Como é o sonho? — perguntei.

— Eu a vejo no último degrau de uma escada, linda, mas não consigo captar o que ela quer dizer.

Então lhe mostrei um livro que Silvinha e eu costumávamos ler juntos. É um livro de apelos, *Ponte para a liberdade*, que tem um poema chamado "A divina escada", de Maha Chohan. Emocionado, as lágrimas me embargando a voz, li em voz alta a primeira estrofe do poema:

Cada mortal que sobre a Terra surgir
Receberá de Deus uma escada para subir;
E essa escada cada um há de galgar
Degrau por degrau. Desde o mais baixo lugar,
Vai percorrê-la passo a passo: desde o início
Ao centro do espaço, ao seu próprio princípio.

UM ANJO LILÁS

Duas ou três coisas sobre ela

Silvinha adotou o "y" em seu nome depois de um bom tempo de carreira. Começou a cantar profissionalmente na década de 1960 e gravou seu primeiro disco em 1967, um compacto com as músicas "Feitiço de broto" e "Vou botar pra quebrar". No mesmo ano, apresentou comigo o programa *O Bom*. Em 1969, nos casamos.

Seu primeiro LP foi lançado em 1969, pela Odeon. Dois anos depois, o segundo LP chamou atenção da crítica especializada, pelos arranjos ousados para músicas tradicionais, como "Paraíba", de Luiz Gonzaga. Ao escutar essa gravação, em estilo soul, o crítico e produtor musical Nelson Motta chamou-a de "Janis Joplin brasileira".

Entre os anos 1970 e 1980, foi jurada de calouros no programa de Silvio Santos. Em 1985 lançou pela gravadora Pointer o álbum *Grita coração*. Nos anos 1990, fez parte do quarteto vocal 4 × 4, ao lado de Edgard Gianullo, Ângela Márcia e Faud Salomão. Em 1997 o grupo se dissolveu. Neste mesmo ano, ela lançou o disco *Kinema*.

Em sua primeira gravidez, não paramos de viajar fazendo shows em todo o Brasil e programas de TV. Um dia resolvemos parar, mas Silvio Santos nos escalou para o programa dele e prometeu que haveria um esquema de emergência para atender a Silvinha no que fosse preciso. Na hora de cantar, ela começou a sentir muitas dores e fomos de ambulância para o hospital. Não foi nessa hora, mas dois dias depois nasceu Mônica. Seis anos depois, chegou Eduardo.

Silvinha vendeu mais de um milhão de discos ao longo de sua carreira. Além disso, gravou mais de dois mil jingles publicitários. Conforme destacou uma reportagem da revista *IstoÉ* em 2002, não era exagero afirmar que sua voz foi uma das mais ouvidas no Brasil durante duas décadas. "Quem tem televisão em casa não escapa de ouvir Silvinha, considerada a maior cantora de jingles do país. McDonald's, Pomodoro, Coca-Cola, Varig, Estrela. Pense em uma grande marca, e sua potente voz está lá."

No ano 2000, já lutando contra o câncer, passou a se dedicar à nossa gravadora Number One. Em 2001, lançou o álbum *Suave é a noite*. Em 2007, lançou junto comigo o DVD *40 anos da jovem guarda*, e vinha cuidando da divulgação desse trabalho.

Os 39 anos que vivemos juntos são apenas um pequeno grão de areia do infinito amor que nos manterá sempre unidos, eternamente. Com ela aprendi a amar a vida. Ela me ensinou tudo o que sei sobre a felicidade, a paz e a harmonia.

Fazia-me prometer que eu não iria parar. Que eu continuaria meu trabalho normalmente. Mas eu sabia que não seria nada fácil. Desabei, quando ela se foi. Aquilo ficava me pegando, a ausência dela era um sofrimento terrível. Não tinha ânimo para tocar nem para fazer nada. Eu tentava e não conseguia.

Amor e saudade são sentimentos que não desaparecem. Ela se foi muito cedo, no dia 25 de junho de 2008, com apenas 56 anos de idade, deixando um imenso vazio em minha vida. Mas precisamos entender nossa história na terra e a de quem caminha ao nosso lado. Assim, aceitando e procurando entender, tudo se torna mais simples.

EPÍLOGO

VIDA QUE SEGUE

O que mais me gratifica hoje como músico, o que realmente importa, é ver que as pessoas se identificam com o meu som. É ter um público que não se guia pela mídia e sim por essa identificação com o trabalho que faço. Gente que me conhece e acompanha meu trabalho desde o primeiro disco, *O garoto do rock*. Ou alguém que acabou de encontrar num sebo os meus álbuns mais inovadores, que não tiveram divulgação na época em que foram gravados. Ou quem soube de mim só agora, ao escutar na casa de um amigo um de meus discos mais recentes. Pessoas de todas as gerações, que assistem aos meus shows e tornam-se colecionadoras do meu trabalho.

Tenho formação eclética e sempre gostei de misturar as tendências. Cresci numa região de Minas que é muito próxima do sertão da Bahia, e desde cedo ouvia Luiz Gonzaga. O ritmo do baião é muito semelhante ao do rock. Logo percebi que dava para misturar e fui o primeiro a fazer isso, no disco *Sou filho desse chão*, que gravei com Silvinha em 1976. "Misturando rock com baião", por sinal, era título de uma das minhas composições que fizeram parte desse disco. "Capoeira" e "Opanigê" também traziam a cultura negra para essa mistura, que eu tinha lançado no disco *Kizumbau*, em 1972, e que vinha desde 1969 no disco *A onda é o Bogaloo*, produzido por Tim Maia, que trouxe o soul para o Brasil. Destaquei-me do movimento da jovem guarda ao gravar discos de soul e de rock psicodélico. Misturei tropicália e MPB com música negra, numa época em que os músicos brasileiros ainda se dividiam em segmentos estanques. Nunca me preocupei com o preconceito que chegou a motivar um movimento de alguns músicos da MPB contra a guitarra elétrica. A música não pode ter barreiras. Quando voltei às minhas origens rurais, foi extremamente natural a fusão do estilo country norte-americano com o brasileiro.

Passei três anos sem me apresentar, dedicava-me aos meus cavalos e participava de exposições no interior de Minas e São Paulo, onde sempre me encontrava com Sérgio Reis. Enquanto ouvia os solos de gaita e violão nos shows de Tião Carreiro e outros artistas, ficava pensando nas origens dessa música e comecei a pensar o que poderia fazer naquele gênero musical sem tirar o pé do rock. Ouvia os discos de Willie Nelson e de Kenny Rogers, então decidi me aproximar dos artistas brasileiros que faziam aqui um som próximo daquele. Quis conhecer Renato Teixeira, grande compositor, fui à sua produtora de jingles e o chamei para produzir um disco meu. Assim lancei, em 1988, o LP *Um homem chamado Cavalo*, que incluía clássicos como "Coração de luto", de Teixeirinha, "Boi Barnabé", de Victor Simão e Jorge Neto, e "O som do caminhoneiro", de Renato Teixeira. Na mesma época, comecei a apresentar o programa *Brasil Rural*, idealizado por mim, com a participação de Anselmo Duarte,

EPÍLOGO

Dionísio Azevedo e Caçulinha, pela Rede Bandeirantes. Depois, já em 1991, fui contratado pelo SBT para um programa pessoal chamado *Pé na Estrada*. Os dois programas tiveram ótima audiência, juntando música com informações do campo. No SBT, criei um quadro em que o entrevistado e eu cavalgávamos durante a entrevista. "Essa pergunta agora vai fazer você cair do cavalo", eu costumava dizer às personalidades do mundo cultural, político e empresarial que participavam desse quadro. Também lancei uma grife de roupa country, em carretas que funcionavam como lojas, nos principais rodeios e exposições.

Sinto orgulho de ter sido um dos pioneiros do rock no Brasil. Conheço o princípio e os fundamentos do rock, que nasceu da música country e do blues, e acompanhei de perto, sempre fazendo e gravando, a evolução do gênero até o rock progressivo. Com o tempo, descobri que o som de que eu mais gostava estava na simplicidade do rock de raiz, então encontrei o country rock e me identifiquei totalmente com ele.

Reinvenção incessante

Há quem diga que eu nunca sofri na vida. Nasci filho de fazendeiro, tive sucesso quando resolvi viver de música, casei com a mulher da minha vida... Sabem de uma coisa? Quem diz isso está certo. Mas ninguém sabe o duro que dei, como dizia meu amigo Simonal.

Consegui trilhar os caminhos do rock com uma espécie de manto protetor, pois nunca fui confiscado pelas drogas pesadas, bebedeiras e noitadas. Quem disse que para ser roqueiro você precisa ser doidão? Conheci de perto vários músicos e artistas que enveredaram por esse caminho, alguns se perderam e outros morreram de overdose.

O que estou contando neste meu primeiro livro é a pura verdade. Sonhos, alegrias, grandes talentos, descobertas, solidariedade, companheirismo, e também frustrações, corrupção, conchavos, falta de caráter, brigas em verdadeiros cenários de Velho Oeste, tudo isso eu presenciei em mais de sete décadas de vida. Tanto as vitórias quanto os fracassos me mostraram que eu estava no caminho certo. Que acertei em ajudar a quem precisava. Que acertei em inovar musicalmente, apostando em jovens músicos e estimulando os mais experientes. Reinventando-me a cada nova fase, como agora, com novos projetos musicais.

Nas 27 canções que fazem parte do DVD *Eduardo Araújo — 50 anos de carreira ao vivo*, procurei sintetizar essa trajetória com os olhos de hoje. Estou novamente na estrada, cantando e tocando tudo o que entendo como rock. Agora com mais de setenta anos, é sempre bom recomeçar.

Meu querido amigo Roberto Carlos pode ser *O Cara*, mas eu, Eduardo Araújo, sou *O Bom*.

O texto deste livro foi composto na tipologia
Minion Pro Regular, em corpo 12,5/17,5, e impresso
em papel off-set no Sistema Cameron da
Divisão Gráfica da Distribuidora Record.